L'Europe, un rempart contre les totalitarismes et les autocraties

Gérard-David Desrameaux

L'Europe, un rempart contre les totalitarismes et les autocraties

ÉTHIQUE CIVISME et POLITIQUE

Édition : BoD – Books on Demand, info@bod.fr
Impression : BoD - Books on Demand, In de Tarpen 42,
Norderstedt (Allemagne)
Impression à la demande.

ISBN : 978-2-3225-2412-9

Dépôt légal : juin 2024

AVERTISSEMENT

Au lendemain de la seconde (ou de la deuxième) guerre mondiale, quelques hommes d'État, quelques visionnaires, ont compris qu'il fallait œuvrer à la construction d'une Europe plus unie, plus solidaire sur un espace géographique, l'Europe, meurtri par des années de malheur, de guerre.

La génération qui a suivi a poursuivi la construction de l'édifice engagé par leurs pères.

La suivante a sous-estimé les risques et les dangers consistant à laisser la construction de l'Europe en déshérence et peu à peu a négligé ce combat.

Depuis des décennies, je n'ai jamais cessé de militer en faveur de l'émergence d'une Europe puissance, souveraine et démocratique.

Dans deux essais précédents *Pour une Europe puissance, dans un monde plus ordonné* publié en 2005 et *Pour une Europe souveraine, Écrits et plaidoyers* publié en 2014, je me suis efforcé de mettre l'accent à travers différents textes, analyses et interventions sur ce que pourrait et devrait être une Europe politique maîtresse de son destin sur la scène du monde.

Dans ce troisième essai consacré à l'Europe, à l'instar de l'approche retenue dans les précédents, je reproduis de nouveaux textes, écrits et plaidoyers rédigés au cours des dernières années avec le même souci de défendre un projet permettant à l'Europe d'exister et avec elle un modèle de démocratie de prospérer dans un monde où hélas les autocraties et les totalitarismes dominent.

J'observe au fil du temps qui passe que le bilan que l'on peut établir s'agissant de la construction européenne est mitigé. En effet, en dépit de quelques avancées, de nombreuses erreurs ont été commises par les héritiers des pères fondateurs de l'Europe. Certains ont fait semblant de ne pas s'en rendre compte. D'autres ont assumé les choix qu'il convenait de ne pas faire. Beaucoup d'autres n'ont pas compris ce qui se passait.

Globalement nous avons assisté à une absence de prise de conscience du fait d'aveuglements souvent de nature idéologique.

Il me semble que l'Europe est désormais à la croisée des chemins face aux assauts répétés des nationalistes et europhobes alors que les bruits de bottes ne cessent de s'amplifier et de se rapprocher.

1. PRÉAMBULE

L'HONNEUR DE LA POLITIQUE
Mai 1992

Les intérêts souvent divergents des nations et les antagonismes qui en résultent au plan des relations internationales peuvent à tout instant, quand les voix de la raison ne sont plus entendues, déboucher sur la guerre. Les pages de notre histoire, celle du monde, sont tachées de sang. Le dilemme guerre ou paix n'a pas cessé d'être au cœur des relations entre les peuples de la terre. L'instinct de puissance hélas l'a souvent emporté et avec lui l'instinct de mort. Aujourd'hui encore, on entend ici et là sourdre le cliquetis des armes que l'on est en train de fourbir.

Or, précisément, l'honneur de la politique c'est aussi, au plan international, par le biais de la diplomatie, de favoriser autant que faire se peut la recherche des voies et moyens de la paix sans pour autant tomber dans l'angélisme et le pacifisme.

L'honneur de la politique, c'est encore de refuser l'engrenage de la violence et de la haine entre les peuples, de créer les solidarités nécessaires entre les nations, de promouvoir un monde plus harmonieux et mieux ordonné, d'aider à la mobilisation de l'opinion publique internatio-nale contre les fléaux qui menacent, de pacifier les cœurs et les esprits. En d'autres termes, à l'approche du siècle suivant, le grand dessein de la politique devrait être de « civiliser la terre » pour reprendre une excellente formule d'Edgar Morin.

Utopie ! Utopie ! S'exclameront les sceptiques et les pessimistes et ils auront sans doute partiellement raison. Les meilleures intentions du monde sont impuissantes si elles ne rencontrent pas l'adhésion du plus grand nombre et si elles négligent le facteur temps. Rien ne sera effecti-vement possible sans un vaste mouvement d'opinion au plan international, donc sans un engagement très net des citoyens enfin réconciliés avec la politique. Rien ne sera possible également si l'on n'inscrit pas l'action dans la durée, le temps et l'espace.

François Mitterrand, candidat à l'élection présidentielle de 1981 déclarait :

« Les idées mûrissent comme les fruits et les hommes. Il faut qu'on laisse le temps au temps. Personne ne passe du jour au lendemain des semailles aux récoltes, et l'échelle de l'histoire n'est pas celle des gazettes. Mais après la patience, arrive le printemps. »

Puisse le vingt et unième siècle être non seulement le printemps de la politique mais aussi de l'humanité dans son ensemble.

2

COMMUNIQUÉ DE PRESSE DU RCE

29 décembre 2013

Un conseil européen se tient à Bruxelles les 19 et 20 décembre 2013. Plusieurs problèmes relatifs à la défense y sont abordés.

Le Bureau du Rassemblement Civique pour l'Europe[1] publie le 29 décembre 2013 un communiqué pour regretter le manque d'ambitions des pays de l'Union en matière de défense.

Les 19 et 20 décembre 2013 s'est tenu à Bruxelles un Conseil européen au cours duquel ont été abordés différents problèmes relatifs à la défense.

Trois thèmes y ont été débattus portant sur les réductions budgétaires, l'avenir de l'industrie européenne de la défense et l'intervention française en Centrafrique.

Sur les trois points, les résultats ne répondent pas à l'attente de ceux qui estiment qu'une Europe souveraine, consciente des enjeux géostratégiques actuels, devrait

---

1. Club de réflexion et de propositions politiques créé en 1998.

avoir pour objectif de se doter de budgets militaires conséquents, ce que font la plupart des grandes puissances du monde, d'une mutualisation plus grande de nos industries militaires et d'une solidarité plus affirmée, c'est le moins que l'on puisse dire, au plan des opérations et missions effectuées à l'extérieur. On ne peut que regretter l'absence d'une authentique Europe de la défense et en appeler à une prise de conscience de ceux qui ont entre leurs mains le pouvoir de faire ou de ne pas faire qu'une telle Europe existe.

3

COMMUNIQUÉ DE PRESSE DU RCE

15 février 2014

Quelques mois avant les élections européennes de juin 2014, Gérard-David Desrameaux, président fondateur du Rassemblement Civique pour l'Europe (RCE), club de réflexions et de propositions politiques militant en faveur d'une Europe politique et qui avait publié en 2005 un essai consacré à l'émergence d'une Europe puissance dans un monde plus ordonné, publie un nouvel essai intitulé *Pour une Europe souveraine, Écrits et plaidoyers*.

Comme pour l'essai précédent consacré à une Europe puissance, l'auteur reproduit une série d'écrits, authentiques plaidoyers en faveur d'une Europe politique capable de jouer un rôle majeur sur la scène du monde.

C'est le communiqué annonçant la publication de cet ouvrage et en présentant les grandes lignes qui est ici reproduit.

Face à une opinion anesthésiée, démobilisée au regard de la cause européenne, dépourvue de toute perspective d'avenir et dominée par le doute et la peur de lendemains incertains, qui se déclinent avec les mots chômage, insécurité, précarité, exclusion, en d'autres termes, face à la montée en puissance des eurosceptiques et des souverainistes à travers toute l'Europe, l'auteur entend en appeler à un sursaut de la part de tous ceux qui ne désespèrent pas de voir s'édifier une authentique puissance européenne, c'est-à-dire une Europe dotée des instruments de la souveraineté.

Faisant siennes les formules célèbres de François Mitterrand : « Si la France est notre Patrie, l'Europe est notre avenir » et « ce n'est pas de trop d'Europe dont nous souffrons aujourd'hui mais bien davantage de pas assez d'Europe », il réunit ici différents textes et plaidoyers en faveur d'une Europe souveraine.

Aux souverainistes qui, dans le cadre de chaque État nation combattent l'Europe et en appellent à un repli sur soi et à un nationalisme désuet qui ne peut plus répondre aux évolutions du monde et à l'intérêt de nos nations, il répond que c'est une erreur fondamentale de ne concevoir la souveraineté qu'au niveau des États nations alors que s'édifient des États continents.

Aussi, l'auteur est-il convaincu qu'il faut doter l'Europe puissance des instruments de la souveraineté. Cette Europe doit être délimitée par des frontières sécurisées, dotée d'institutions d'essence fédérale stables et efficaces démocratiquement élues et désignées et mue par une volonté commune des peuples la composant.

Selon Gérard-David Desrameaux, seule une Europe souveraine, maîtresse de son destin sur la scène du monde, permettra aux peuples des diverses nations de l'Union de faire entendre leurs voix et de compter dans le concert des nations.

L'auteur en appelle, en vérité à une refondation de l'Europe à partir d'un noyau composé de quelques États déterminés à aller de l'avant en instituant entre eux une authentique union politique d'essence fédérale.

4

POUR UNE EUROPE SOUVERAINE,
ÉCRITS ET PLAIDOYERS
Février 2014

L'auteur reproduit ici le texte de l'introduction de son essai intitulé *Pour une Europe souveraine, Écrits et plaidoyers* dont il a été fait état précédemment.

Ce texte permet de mieux saisir le degré de son engagement en faveur de l'Europe et la nature du projet européen pour lequel il n'a jamais cessé de militer, à savoir, une Europe des valeurs, forte, imprégnée d'humanisme, de la philosophie des lumières et de son héritage culturel et surtout capable de devenir une Europe puissance, en d'autres termes une Europe souveraine lui permettant de jouer un rôle fondamental sur la scène du monde.

Dans un précédent livre *Pour une Europe puissance, dans un monde plus ordonné* publié en 2005 chez le même éditeur, je dénonçais « la collusion de fait entre les souverainistes et les adeptes d'une Europe qui se réduirait à une simple zone de libre échange ».

À travers divers textes qui se voulaient être autant de plaidoyers que de leitmotivs, j'appelais tous les défenseurs de l'Europe puissance à se rassembler en transcendant leurs clivages politiques pour faire avancer ce grand projet.

Dans l'introduction, j'indiquais notamment : « Je crois en une Europe qui oserait s'affirmer en tant que telle, c'est-à-dire en tant qu'Europe puissance, afin de permettre aux États, aux nations et aux peuples qui la composent de compter et de ne pas perdre leur rang et leur rôle.

Je crois en une Europe des valeurs, forte, imprégnée d'humanisme, de raison, de la philosophie des lumières et de son héritage culturel, respectueuse tant des droits et des devoirs de l'homme et de la femme, qui sache s'affirmer et s'imposer afin de faire respecter précisément ces valeurs et ces principes pour lesquels des générations entières ont combattu, parfois au sacrifice de nombreuses vies.

Je crois en une Europe unie qui permettrait à chacune des nations qui en ferait partie d'enrayer son inéluctable déclin si d'aventure elles entendaient rester à l'écart de ce projet, de ce grand dessein comme j'ai l'habitude de le désigner. »

Car l'Europe, en effet, est un grand dessein. Sous réserve, évidemment que l'on ne se contente pas de construire l'Europe des marchands, mais que l'on ait vraiment à cœur de faire celle des citoyens et des peuples d'Europe.

Expliquer, expliquer encore et toujours les raisons de croire en l'avenir de l'Europe en tant que puissance m'apparaît toujours comme étant uelque chose de consubstantielle à notre propre survie en tant que civilisation.

Abandonner une part de souveraineté au niveau de chaque nation, c'est aller vers une souveraineté partagée au niveau européen, c'est accepter l'idée d'une Europe souveraine. Or, une Europe souveraine, c'est permettre aux peuples qui l'habitent de continuer à pouvoir jouer un rôle sur la scène du monde et amplifier l'écho de leurs voix dans le concert des nations.

Dès 1992, je dénonçais une politique d'élargissements prématurés : « Vouloir anticiper là encore les échéances, ne conduirait qu'à provoquer l'écroulement d'un édifice dont on doit d'abord consolider les bases si l'on souhaite qu'il puisse résister aux aléas de l'Histoire. »

L'élargissement de l'Europe ne doit pas être une fin en soi et servir d'alpha et d'oméga au projet européen.

L'Europe est confrontée à une grave crise d'identité. Nous le savons depuis longtemps. En mai 1994, j'indiquais : « L'Europe qu'il s'agit de construire est celle des citoyens et non celle des nationalismes et des tribus. »

Dans le même sens, il m'a toujours paru fondamental pour l'avenir de l'Europe que les femmes et les hommes d'Europe sachent transcender leurs clivages partisans sous peine de rendre impossible la concrétisation de cette grande idée qu'est le concept d'Europe unie.

L'Europe n'est pas qu'un espace géographique. C'est aussi et surtout une histoire et une culture.

De l'antiquité gréco-romaine jusqu'à l'époque contemporaine en passant par la Renaissance, l'Europe a joué un rôle fondamental dans l'émergence d'une civilisation phare et n'a pas cessé d'essaimer idées et projets qui ont fait le tour du monde.

Là où certains raisonnent en termes de parts de marché, il faut que nous raisonnions en termes de civilisation et c'est cette approche qui doit guider nos pas.

Promouvoir une Europe puissance, une Europe souveraine permettra précisément à cette civilisation de rayonner et de se développer.

À l'évidence, tous les États de l'Union ne sont pas prêts à faire le saut qualitatif qu'imposent cette approche et cette volonté de franchir un pas décisif. Aussi, est-il urgent qu'une avant-garde, un noyau dur se constitue afin de donner l'impulsion nécessaire. Rien ne serait pire que l'inaction et le sentiment que décidément l'Europe Unie demeure un vœu pieux.

Toujours dans le même sens, j'écrivais en septembre 2003 : «Aussi, le moment est-il sans doute proche où quelques-uns des États fondateurs et quelques autres États membres de l'Union européenne devront prendre des initiatives fortes afin de donner le jour, au sein de l'Union actuellement en devenir, à cet embryon véritable de l'Europe puissance que nous appelons de nos vœux. »

Avec mes amis du Rassemblement Civique pour l'Europe, club de réflexion et de propositions politiques, j'ai toujours milité et tenté d'œuvrer en faveur d'une Constitution européenne qui aurait pu être, qui aurait dû être l'acte fondateur de cette Europe puissance, de cette Europe souveraine. C'est pourquoi le premier éditorial retenu dans ce livre explicite les raisons de mon choix en faveur du oui lors du référendum relatif au traité constitutionnel de 2005. Les textes suivants constituent autant de plaidoyers et de leitmotivs en faveur de l'émergence d'une Europe souveraine, seule réponse crédible aux thèses des europhobes qui défendent le souverainisme au niveau des seuls États et se trompent ainsi de temps et d'époque.

Mis bout à bout et précédés d'un court texte rappelant le contexte dans lequel s'inscrivait chacun de ces textes, ils complètent ceux qui étaient réunis dans *Pour une Europe puissance dans un monde plus ordonné* et ont la « modeste ambition » de proposer des pistes de réflexion, voire des solutions pour permettre au projet européen de rebondir et de retrouver l'adhésion des peuples.

Puissent les quelques propositions et idées développées tout au long des pages qui suivent alimenter positivement le débat et être relayées par les acteurs du changement au niveau européen, c'est-à-dire bien sûr les dirigeants mais aussi les citoyens.

Puissent-ils aussi constituer autant de réponses de nature à endiguer la montée en puissance d'europhobes qui ne mesurent pas les effets négatifs que ne manqueraient pas d'entraîner pour chacune des nations d'Europe la mise en œuvre de leurs propres propositions.

4 ^{bis}

CONCLUSION DE
POUR UNE EUROPE SOUVERAINE

Dans la conclusion de mon livre *Pour une Europe puissance dans un monde plus ordonné*, j'indiquais notamment en 2005 : Le concept d'Europe puissance est menacé. Il n'est pas condamné. Un sursaut s'impose de la part de tous ceux qui souhaitent donner à l'Europe un sens.

Neuf ans plus tard, je suis enclin à faire un constat analogue. Les textes et plaidoyers réunis dans ce nouveau livre Pour une Europe souveraine montrent combien je suis conscient des difficultés de l'entreprise et combien je regrette le manque de prise de conscience et de volonté politique de nombre de dirigeants européens pour engager l'Union dans cette direction.

Paradoxalement cependant, la crise aidant, les élargissements successifs prématurés, les erreurs commises au niveau de la gestion, les manques d'harmonisation en maints domaines, notamment en matière de politique économique, financière, budgétaire, fiscale et sociale, font que l'on doit pouvoir être davantage confiants quant à l'avenir de L'Europe. Ses insuffisances et ses manques prouvent qu'il faut aller plus loin.

L'Europe est d'ores et déjà la première puissance économique et commerciale du monde. Il lui faut désormais acquérir une dimension nouvelle, à savoir celle qui sied à une Union politique. Il lui faut en conséquence obtenir les attributs reconnus à tout État digne de ce nom et je reviendrai un peu plus loin sur ce point.

C'est essentiellement une question de volonté politique. L'Europe doit choisir entre un déclin irréversible et l'affirmation d'une personnalité propre et dynamique.

C'est aujourd'hui qu'il faut faire le choix décisif. L'évolution du monde s'accélère et ce rendez-vous ne saurait être reporté à demain car le risque serait grand alors de voir les peuples d'Europe être tenus à l'écart de la table où l'on débat des grandes questions planétaires. Et notre silence, synonyme d'asservissement serait assourdissant. Il serait alors trop tard. Les peuples d'Europe subiraient. Ils n'auraient plus aucune prise sur les évènements et sur les décisions les concernant.

Le tableau n'est pas ici noirci à dessein. Il n'est que le triste rappel d'une réalité annoncée si d'aventure les pourfendeurs d'une Europe politique venaient à triompher et à emporter l'adhésion de peuples inquiets et insuffisamment informés des réalités du monde et de la nature des enjeux.

Certes, au départ, les fondateurs de l'Europe moderne ont, à certains égards, rejeté le concept d'Europe puissance. Mais c'est bien vers une telle Europe qu'il faut tendre. Or, qui dit Europe puissance pense obligatoirement à juste titre Europe souveraine.

L'Europe qu'il convient de construire doit s'inspirer du modèle westphalien, autrement dit disposer des instruments de la souveraineté.

Les principes liés à la notion de souveraineté sont connus. Il s'agit de pouvoirs régaliens : Il y a d'abord celui du monopole de la violence légitime et celui de garantir la justice à l'intérieur des frontières qui doit être associé à la notion de sécurité. Il y a également ceux de battre monnaie et de lever des impôts. Il y a encore celui de pouvoir faire la guerre ou la paix, ce qui entraîne la nécessité de disposer d'une armée et de l'entretenir de telle sorte qu'elle soit opérationnelle Il y a enfin celui de faire ou non des alliances qui s'inscrit dans le cadre d'une politique étrangère définie et mise en œuvre par l'État.

Une Europe puissance, pour autant, ne doit pas être synonyme d'Europe hégémonique. Il ne s'agit pas de donner le jour à une Europe expansionniste qui tendrait à s'étendre toujours plus et à déborder de ses limites territoriales..

Une Europe souveraine doit avoir des institutions d'essence fédérale.

C'est assurément la réponse la plus adaptée eu égard à cette réalité : l'existence de nations divisées et diverses. La devise de l'Union « Unis dans la diversité » résume bien la situation des peuples européens.

Dans le même temps, l'Europe occidentale, et un peu au-delà, constitue bien une unité de civilisation marquée entre autres par ses origines gréco-romaines, le judéo-christianisme et la philosophie dite des lumières.

Il s'agit aujourd'hui de tenir compte de ces deux facteurs apparemment antagonistes mais fondamentaux.

Un nouveau souffle et une nouvelle ambition doivent être donnés au projet européen.

Il faut d'abord davantage associer les peuples d'Europe à l'élaboration de leur projet commun.

Ceux-ci ont souvent l'impression que les décisions sont prises par des institutions non légitimes dès lors qu'elles touchent à des secteurs, à des domaines qui relevaient jusqu'ici de la compétence des États dotés de la souveraineté.

Ces contraintes et obligations seraient davantage acceptées si elles émanaient d'institutions plus représentatives des peuples.

La démocratie, comme la souveraineté doivent désormais mieux s'exprimer au niveau européen, au niveau de l'Union européenne.

L'enthousiasme, la foi retrouvée en l'Europe passe obligatoirement par un changement fondamental dans la façon de « faire l'Europe », dans la façon de construire cette Europe puissance, cette Europe souveraine à laquelle aspirent des dizaines, voire des centaines de millions de femmes et d'hommes qui constitueront demain un peuple de citoyens résolus et réconciliés.

Il est important de refuser l'Europe espace comme seul et unique objectif. L'Europe espace ne pouvant s'entendre que d'un troisième cercle, le plus flexible, le moins intégré, le moins contraignant.

Il est tout aussi important d'accepter l'idée d'une souveraineté partagée.

Jacques Delors parlant de l'Europe avait évoqué la notion de « fédération d'États-nations ». Il est permis de discuter de la formule mais une chose est certaine : l'avenir de l'Europe exigera la mise en place d'un système de type fédéral, le seul à même de prendre en compte l'intérêt général de l'Europe et de l'ensemble des citoyens réunis au sein de chacun des États la composant.

L'Europe doit exister en tant que telle sur la scène mondiale.

Il faut donc lui donner les moyens de réagir aux crises internationales qui ne manquent pas de se produire ici ou là à travers le monde. Il s'agit également, dans le même temps, de faire face aux défis de la mondialisation. Rien ne peut se régler en totale déconnexion du reste du monde et il n'est plus possible de faire comme si tout pouvait être réglé dans le seul cadre national niant ainsi le rôle des interactions entre ce qui se fait, se déroule ici en France et là-bas dans le reste du vaste monde.

Il est urgent de mesurer l'évolution des choses depuis plus d'un siècle et depuis la fin des empires tels qu'ils existaient notamment au XIXe siècle et au XXe siècle.

Promouvoir l'idée d'une Europe puissance, d'une Europe souveraine permet non seulement de prolonger l'ambition justifiée de nos États respectifs mais aussi de permettre à chacun d'eux de continuer à compter sur la scène du monde.

Les avocats du souverainisme au seul plan national n'ont pas mesuré l'évolution des choses et bien apprécié les intérêts bien compris de chacune des nations dont ils prétendent se faire les seuls et uniques défenseurs.

Ce faisant, ils se trompent d'époque et de combat et se livrent à une lecture erronée de ce vers quoi le projet d'Union européenne doit tendre

L'intérêt des peuples d'Europe, dans un monde globalisant, réside dans leur rapprochement et leur volonté de s'associer dans le cadre d'une grande puissance souveraine, somme de souverainetés partagées.

Ne pas saisir cette chance, c'est condamner chacune de nos nations à un avenir fait d'incertitudes et les livrer pieds et mains liés aux forces économiques et aux multinationales qui peuvent alors imposer leurs lois et leurs diktats à des États non armés pour défendre leurs intérêts spécifiques, États ainsi réduits à l'impuissance.

Ceux qui préconisent le repli sur soi, l'isolement, un protectionnisme national, en d'autres termes la fermeture à l'autre ne servent pas l'intérêt de leur pays (ou compatriotes) car ils ne prennent pas la mesure des enjeux et demeurent attachés à des concepts d'un autre temps.

Ils occultent l'histoire de la création des États modernes, de la formation de la SDN et des Nations Unies, de l'unité de la France, de l'Italie, de l'émergence des États Westphaliens, du rôle joué par les fédérations.

Le rythme, certainement trop rapide, des élargissements successifs a fragilisé la notion même d'Europe unie, le concept d'Europe. L'identité européenne a été en quelque sorte mise à mal du fait de l'émergence d'un vague sentiment d'insécurité et de l'apparition de craintes nombreuses et multiples compte tenu de l'imprécision avec laquelle se forment les frontières de l'Union.

Pour exister, une nation a besoin de frontières fixant les limites d'un territoire, d'un ensemble à l'intérieur duquel évoluent des femmes et des hommes ayant le sentiment d'appartenir à une même communauté de destin et exerçant une souveraineté partagée.

Ce cadre peut et doit être reproduit au niveau européen avec l'assentiment des peuples qui feront démocratiquement et en toute transparence le choix fondateur de s'unir pour édifier un ensemble doté des instruments de la puissance.

La notion d' « Europe puissance » a jusqu'ici trouvé ses meilleurs avocats en France. C'est un concept que l'on rencontre principalement dans notre pays. L'Allemagne conçoit davantage pour sa part l'Europe comme une puissance économique et la Grande-Bretagne ayant toujours privilégié les relations transatlantiques, d'où ses réticences premières à l'égard du marché commun et son rôle joué dans la création de la zone de libre échange (AELE).

Il va de soi que le rebond de l'Europe passe en quelque sorte par une refondation de l'Europe et il n'y aura pas de rebond effectif, ni donc de refondation, si l'énergie nécessaire n'est pas d'abord fournie par le moteur franco-allemand.

L'Europe puissance ne peut naître eu égard aux données actuelles et à l'état de l'Union européenne à vingt-huit États. Elle va naître de par la volonté d'un noyau comprenant nécessairement la France et l'Allemagne et sans doute les autres pays ayant participé à la création du marché commun puis ce noyau grossira progressivement par agrégation d'États qui accepteront ensuite à leur tour d'entrer dans un ensemble intégré de type fédéral. Le noyau initial correspondra à un premier cercle, le deuxième cercle pouvant pour l'essentiel s'identifier aux pays de la zone euro et le troisième cercle englobant les autres États de l'Union qui n'entendront pas faire le saut fédéral dans l'immédiat.

Une Europe souveraine implique la mise en œuvre d'une politique étrangère commune. Il en est de même dans le secteur de la défense.

La politique étrangère est un domaine qui relève assurément dans tout État fédéral classique de l'autorité investie du pouvoir fédéral.

Evidemment dans le cadre de l'Union, la mise en œuvre d'un tel transfert s'avère particulièrement délicat et ce pour de nombreuses raisons.

L'Union se compose de peuples divers réunis dans des nations multiples, parlant des langues différentes, façonnés par des histoires complexes. Ces peuples et ces nations se sont fréquemment affrontés et querellés tout au long des siècles passés. L'instinct de domination l'a souvent emporté dans le difficile dialogue engagé par les uns et les autres. C'est le plus souvent de la confrontation et de la guerre que sont nées les frontières fluctuantes de ces nations dessinées au gré des batailles gagnées ou perdues.

Les ressentiments et les volontés de revanche ont été légion et il ne faut pas s'étonner que nombre de ces nations et peuples marqués par leur histoire soient soucieux de préserver une part de leur souveraineté chèrement acquise au fil du temps.

Aussi, l'Europe puissance a-t-elle des difficultés à s'affirmer en tant que telle en raison de ses divisions internes et du fait des freins mis à son émergence par des dirigeants ayant plus ou moins conscience de la nécessité de construire l'Europe mais soucieux dans le même temps de préserver le maximum de leurs prérogatives et attributs.

S'agissant de la politique étrangère il faut d'abord plus de concertation et d'harmonisation. Ceci implique l'existence d'un collège siégeant de façon quasi permanente au plus haut niveau et des rencontres périodiques et rapprochées entre chefs d'État et de gouvernement et entre ministres des affaires étrangères et européennes.

L'Union européenne occupe une place très importante dans le cadre des relations internationales. Mais des efforts importants doivent être réalisés.

Il faut s'attacher à la réduction des divisions et dissensions au sein de l'Union. Les différentes nations ont, notamment du fait de leur histoire et de leur passé, des approches différentes sur bien des points.

Au-delà de l'indispensable coopération entre les différents États, il faut harmoniser, harmoniser encore, harmoniser toujours.

Dans les domaines de la diplomatie et de la défense, il faut s'appuyer et compter et cela pour longtemps encore sur les principaux États de l'Europe en devenir : Grande-Bretagne et France notamment, en tant qu'elles sont les deux seules puissances nucléaires de l'ensemble mais aussi de l'Allemagne, de l'Italie, de l'Espagne et de la Pologne. L'existence d'un noyau plus intégré n'empêchant pas celui-ci de se concerter et de prendre des décisions en commun ou en liaison avec d'autres États de l'Union.

S'agissant des problèmes de défense, il faut avoir à l'esprit que l'Europe a, depuis la fin de la guerre froide et l'effondrement du mur de Berlin, diminué son effort en matière de défense. Sans doute a-t-on jugé que les risques de guerre étaient désormais moindres. Pour autant, le monde étant ce qu'il est, et compte tenu de l'apparition de nouveaux types de conflits, de la montée en puissance de différentes formes de terrorisme, l'Europe devrait être, là encore, capable de faire face aux défis nouveaux et devrait disposer d'une défense qui soit à la hauteur d'un État (fédéral ou non) soucieux de préserver sa souveraineté si ce n'est de l'affirmer haut et fort.

Dès lors que l'on fait le choix d'une Union européenne authentique, d'une Europe souveraine il faut que celle-ci soit dotée des instruments de la puissance.

Une augmentation des budgets militaires s'impose. Sans doute serait-il à cet égard opportun de prévoir la création d'un budget de la défense européenne conséquent.

Une mutualisation des acquisitions et commandes des matériels, armes et équipements est tout aussi indispensable. Elle doit se faire tant au plan militaire qu'au plan civil.

L'effort collectif doit être mieux partagé.

Une répartition plus équitable des efforts entre les différents États qui seraient parties prenantes d'une Europe de la défense paraît pour le moins raisonnable.

À l'évidence, aujourd'hui, certains États supportent un poids beaucoup plus important (notamment la Grande-Bretagne et la France). Il serait logique d'en tenir compte à l'avenir.

Différentes questions devraient être abordées : nécessité d'un commandement plus intégré, création de brigades et de corps opérationnels mixtes aux côtés d'armées nationales appelées à mieux coopérer et à harmoniser leurs échanges de renseignements.

Là encore, il faudrait aller vers plus de complémentarité et vers une meilleure répartition des tâches tout en procédant à un recensement des missions (armes de dissuasion nucléaire), capacités de projections de troupes sur des terrains extérieurs, protection du territoire, tâches de contrôle et de surveillance).

Différentes questions devraient être posées :

Quid de la duplication des moyens ? Quid des relations avec les USA ?

Quid d'un commandement intégré, unique ? Nécessité d'une coordination efficace ?

Quelles stratégies ? Avec quels partenaires ?

Quid de budgets conséquents ?

Les dépenses militaires de l'ensemble des pays de l'Union européenne sont plus de deux fois inférieures à celles des États-Unis mais les capacités des armées européennes ne représentent qu'environ quinze pour cent de celles des USA compte tenu de la multitude de programmes militaires différents.

L'Europe demeure aujourd'hui trop dépendante de l'OTAN pour tout recours à la force.

Son autonomie est insuffisante.

Aussi, convient-il d'évaluer rapidement le chemin qu'il reste à parcourir pour doter l'Europe d'une force armée efficace digne d'une grande puissance qui entend être respectée et le faire savoir.

Une Europe ouverte trop largement, sans frontières nettement définies, serait lourde de menaces. Le monde harmonieux, le monde le plus idéal auquel il est légitime d'aspirer n'existe pas et n'existera probablement pas avant longtemps si tant est qu'il soit à même de surgir un jour.

Aussi, faut-il avoir le souci de délimiter les contours de l'Europe afin qu'elle ne soit pas un espace d'impuissance généralisée et de grande vulnérabilité.

Il faut avoir à l'esprit qu'il existe une différence fondamentale entre les notions d'Europe espace et celle d'Europe puissance. Là est sans doute la clé de l'avenir et du destin de l'Europe !

En guise de conclusion et pour parfaire la réflexion du lecteur, il me paraît opportun d'avoir recours à trois citations émanant d'hommes d'État, patriotes et Européens convaincus :

La première émane de François Mitterrand, car elle me paraît résumer la situation à laquelle nous sommes aujourd'hui confrontés et montrer la voie qu'il convient d'emprunter pour mener à bien le projet européen, « cet enjeu historique ».

Évoquant l'élargissement, François Mitterrand déclarait à Strasbourg devant le Parlement européen, le 17 janvier

1995 : «... plus l'Europe s'affirme sur le plan interne et plus sa force d'attraction s'exerce sur les autres pays démocratiques d'Europe. Encore faut-il que ces deux objectifs ne se contredisent pas. Et c'est là la difficulté, car il faut élargir, mais il faut aussi renforcer l'Union existante. Il ne faut pas que l'élargissement affaiblisse ce qui existe. Et il ne faut pas que ce qui existe empêche l'élargissement de l'Union aux limites de l'Europe démocratique. C'est un problème difficile à régler. Mais je vous demande d'y prendre garde, c'est peut être la question la plus difficile que vous aurez à résoudre au cours des années prochaines (...) nos futurs négociateurs commettraient à mon sens une erreur si, par impatience ou lassitude, ils laissaient les élargissements se faire dans des conditions qui affaibliraient la cohésion et les disciplines de l'Union. J'insiste sur ce point : je suis tout à fait partisan de l'élargissement à toute l'Europe démocratique, mais je ne voudrais pas qu'au moment où le dernier adhérent arrivera, il adhère à quelque chose qui n'existe déjà plus, parce que ruinée de l'intérieur. C'est une immense ambition politique qui vous appartient : réussir ce qui est beaucoup plus qu'un pari, réussir cet enjeu historique. »

De son côté, lors d'un sommet à Bruxelles en décembre 2003, Monsieur Jean-Claude Juncker, alors Premier ministre du Luxembourg et qui occupera ensuite pendant de nombreuses années la présidence de l'euro groupe, déclarait :

« Au fur et à mesure que l'Europe s'élargit, les esprits se rétrécissent. »

Enfin, l'ancien président de la République, Monsieur Valéry Giscard d'Estaing déclarait pour sa part en octobre dernier lors de débats sur l'Europe organisé par le *Nouvel Observateur* à Bruxelles :

« Je ne suis pas d'accord avec le fait de dire que « l'Europe n'a pas marché ». L'Europe a remarquablement bien fonctionné ! L'Union européenne a permis d'établir la paix sur notre continent ravagé par les guerres ; elle a supprimé tous les obstacles aux échanges, économiques et humains ; elle a établi un espace civique. Et récemment, grâce à deux visionnaires, nous avons eu la monnaie européenne, devenue en quelques années la deuxième monnaie du monde. Bien entendu il y a aussi eu une crise – dont la gestion n'a pas été particulièrement brillante – avec pour conséquence une augmentation du chômage et une situation économique et sociale difficile. Mais on ne peut pas dire que l'Europe n'ait pas marché. Prétendre que les Européens n'aiment pas l'Europe est une blague. Ils n'aiment pas la façon dont fonctionnent les institutions européennes, ce n'est pas la même chose. Ils n'arrivent pas à bien comprendre comment l'Union européenne fonctionne et n'identifient pas les personnes qui la font tourner, mais ils souhaitent néanmoins que l'Europe marche. D'où viennent les erreurs ? La première, c'est qu'on a très mal géré les effets de nombre. Nous étions 6 pays au départ, nous sommes 28, et nous n'avons pratiquement rien changé. Lors des premières élections parlementaires, en 1979, il s'agissait d'élire 500 députés. Il va y en avoir, en mai 2014, 960. À ses débuts, la Commission européenne comptait 12 ou 13 membres, ils sont actuellement 28.

L'Europe n'a pas vu que, si elle s'agrandissait, il fallait qu'elle s'adapte dans ses institutions, dans ses règles. Ce n'est pas raisonnable. Le deuxième problème, c'est que l'Europe n'a plus d'objectifs. Comment voulez-vous qu'un peuple soit entraîné s'il n'a pas d'objectif ? La vraie question, dans les années à venir, c'est d'indiquer très clairement les buts de la construction européenne. Premier défi pour l'Europe à 28 : se réformer, notamment au niveau des institutions, et poursuivre les grandes politiques européennes. Second défi : prendre en compte l'autre Europe, celle qui veut s'intégrer, c'est-à-dire l'Europe de la zone euro. Il faut lui fixer un objectif à elle aussi, en regardant au-delà de nos frontières. Le monde change. Il est conduit par de grands ensembles économiques, sociaux, culturels beaucoup plus développés que nous, et pour certains beaucoup plus riches. Allons-nous bâtir en Europe une puissance économique, pourquoi pas une grande puissance mondiale ? En sommes-nous capables ? C'est l'objectif. Si nous proposons un calendrier aux citoyens pour y parvenir, alors, ils redeviendront pro-européens. »

Puissent-ils être entendus et leurs messages relayés pour endiguer la montée en puissance des eurosceptiques et des europhobes !

Il appartient aux citoyens de l'Union et plus encore à ceux appartenant au noyau dont il a été fait état tout au long de ce livre, c'est-à-dire aux quelques pays qui franchiront le saut vers le fédéralisme menant à une Europe puissance donc souveraine de se mobiliser pour ce grand dessein : permettre à l'Europe d'occuper toute la place qui lui revient sur la scène du monde.

5

POUR UN APPEL SOLENNEL DES PLUS ÉMINENTS EUROPHILES

19 mai 2014

Depuis 1979, tous les cinq ans, à la fin du printemps, les élections européennes permettent de renouveler les membres du Parlement européen élus désormais au suffrage universel direct à la représentation proportionnelle.

Pour autant, à la veille d'échéances électorales importantes pour l'avenir de l'Union, il est permis hélas d'observer une certaine apathie de la part de nombre d'acteurs de la vie politique.

Un appel est ici lancé à leur endroit afin qu'ils se mobilisent pour une cause insuffisamment défendue.

Nous sommes désormais à quelques jours des élections européennes qui vont se dérouler du 22 au 25 mai 2014. Et, pourtant, nous ne voyons poindre à l'heure actuelle la moindre ébauche de propositions crédibles permettant de refonder l'Europe, cette Europe critiquée, maltraitée, vilipendée, dénoncée par les europhobes de toujours et par des cohortes d'eurosceptiques qui ne mesurent pas les conséquences dramatiques qu'auraient sur les peuples d'Europe l'abandon même de l'idée de construction européenne.

Une clarification sur le devenir de l'Europe va s'imposer à terme.

Face au déferlement de vagues d'euroscepticisme, les dirigeants ne pourront longtemps encore accepter le statu quo actuel.

Des initiatives devraient venir non pas de ceux qui n'ont pas de mots assez durs à l'encontre de l'Union européenne mais de ceux qui ont toujours été les plus ardents avocats de la construction européenne.

Au risque de mécontenter un peu plus ceux qui ne soutiennent que mollement le projet européen, un appel solennel émanant des principaux dirigeants politiques, économiques, financiers mais aussi d'intellectuels et bien évidemment de chefs d'État et de gouvernement, en activité ou non, devrait être lancé en vue de refonder le projet européen et de franchir une étape décisive dans la voie d'une authentique Europe politique.

Cet appel, véritable acte fondateur d'une Europe puissance, d'essence fédérale et dotée des instruments de la souveraineté devrait être adressé à tous ceux, États et peuples qui accepteraient de s'engager dans cette voie.

J'ai souvent ici même exprimé le vœu que d'éminents artisans de la construction européenne sachent transcender leurs clivages et parler d'une même voix pour lancer un tel appel afin de faire barrage à la déferlante europhobe.

Dans le même sens, le bureau du RCE publiait déjà le 9 mai 2010 un communiqué traduisant le même souhait, ainsi rédigé :

« Le Rassemblement Civique pour l'Europe regrette le silence des politiques et notamment des plus européens d'entre eux alors que la monnaie européenne est attaquée et que l'idée même de construction européenne est une nouvelle fois dénoncée par les eurosceptiques de tous bords qui vont jusqu'à annoncer le décès prochain de l'euro.

Il est urgent et indispensable que des autorités européennes incontestables, des hommes d'État, des personnalités politiques, des universitaires, des philosophes, des juristes, des économistes, notamment, qui ont consacré l'essentiel de leur vie à la construction de l'Union européenne, fassent entendre le son de leur voix et lancent un appel solennel en vue de sauver le concept même d' « Europe Unie » en indiquant la marche à suivre pour franchir une étape décisive.

Le courage politique est aujourd'hui plus que jamais nécessaire. Il y va de l'avenir de l'Europe et du devenir de ses peuples, unis dans la diversité. »

Des voix ont été entendues, des paroles prononcées, des articles rédigés, mais nulle initiative d'importance et concertée engagée.

Quatre ans plus tard, les Européens, non pas béats comme disent les europhobes et les eurosceptiques de toujours, mais les Européens conséquents, appellent des paroles et des actes beaucoup plus forts. Ils attendent un projet mobilisateur et une vision claire de l'avenir qui leur est proposé.

6

À PROPOS DES ÉLECTIONS EUROPÉENNES

18 juin 2014

Depuis des décennies, hélas, les élections européennes, élections atypiques pour différentes raisons déjà indiquées et répertoriées, se déroulent dans une relative indifférence, voire désormais dans un climat de franche hostilité de la part des différents protagonistes, peuples, gouvernants, politiques et médias, tous confondus.

Aux eurosceptiques, s'ajoutent maintenant des europhobes qui voulant détruire le projet européen viennent de faire leur entrée au sein du Parlement européen afin d'accélérer leur travail de sape.

Une fois de plus, il ne paraît pas totalement inutile de revenir sur certaines réflexions antérieures portant sur les élections européennes précédentes afin que le lecteur prenne bien conscience que les problèmes d'aujourd'hui étaient déjà tout à fait identifiables et que c'est faute d'avoir tenté de trouver les solutions et de prendre les initiatives qui s'imposaient que nous nous trouvons aujourd'hui dans une situation de méfiance, voire de rejet, du projet européen par un grand nombre d'électeurs.

C'est la raison pour laquelle, il est reproduit ci-dessous deux éditoriaux publiés sur le site du RCE en 2009 : <u>À propos des élections européennes</u> et <u>L'avenir de l'Europe</u>.

« À PROPOS DES ÉLECTIONS EUROPÉENNES »
1er février 2009

À l'approche des élections européennes de juin 2009, l'auteur regrette que les acteurs politiques manquent d'ambition pour l'Europe ainsi que d'imagination en se taisant sur le type d'Europe qu'ils souhaitent : Europe de libre-échange, Europe simple zone économique ou Europe puissance.

Les prochaines élections européennes, nous le savons se dérouleront au mois de juin prochain.

Depuis 2004, cette élection s'effectue selon un mode de scrutin de listes à la proportionnelle suivant la règle de la plus forte moyenne, sans panachage ni vote préférentiel, en un seul tour et ce, dans le cadre de huit grandes circonscriptions.

Avant 2004 l'élection se faisait à partir d'une liste nationale. Mais nous savons tous que l'idée de scinder la liste nationale en huit listes régionales avait évidemment, pour ceux qui ont conçu ce remodelage, l'avantage de réduire l'impact d'un éventuel succès d'une force politique dont le leader[2] affichait de fortes convictions européennes et tentait de s'affranchir du carcan majoritaire et bien évidemment de rendre plus difficile un tel succès.

Pour des forces politiques, il est moins aisé, en effet, d'obtenir des élus dans le cadre de circonscriptions réduites que dans le cadre d'une seule circonscription nationale car il y a beaucoup plus de pertes.

Donc, il faut avoir à l'esprit que la prochaine bataille sera difficile.

Elle le sera d'autant plus que les listes, une fois encore, seront nombreuses et que les discours tenus, les projets proposés, ne seront pas toujours d'une grande lisibilité.

En effet, depuis quelques années toutes les forces politiques, y compris les moins favorables au projet de construction européenne, se présentent comme pro-européennes, à l'exception bien entendu des souverainistes de toujours et des nationalistes convaincus.

Mais au-delà du mot Europe, encore faut-il savoir ce que ce terme signifie dans l'esprit de ceux qui le prononcent.

Il peut recouvrir, en effet, beaucoup de choses et si l'on n'y prend garde c'est le concept même d'Europe qui peut se dissoudre dans un pseudo consensus.

Je m'explique: Il nous faut donner du sens à l'Europe.

Il faut définir un projet qui soit susceptible de sensibiliser les peuples de notre continent et de les mobiliser.

---

2. Il s'agissait de François Bayrou.

Pour atteindre un tel objectif, il y a lieu de répondre, me semble-t-il, à leurs interrogations.

Celles-ci sont de plusieurs ordres : L'Europe pour quoi faire ? Quelle Europe voulons-nous ? Quel projet pour l'Europe ? Europe puissance, Europe zone de libre échange, Europe zone d'influence ? L'Europe jusqu'où et avec qui ?

Et c'est le problème des élargissements et des frontières qui est ici sous-jacent.

Est-ce qu'il y a place pour une Europe à plusieurs vitesses ? Quid d'une Europe à géométrie variable, quid des coopérations renforcées, quid de la théorie des trois cercles ? Quel sens donnons-nous aux mots « Europe Unie » ?

Voulons-nous une Europe, simple zone économique, voire culturelle, une zone d'influence mais ouverte, c'est-à-dire sans frontières délimitées et sans l'émergence d'une citoyenneté européenne, ou au contraire, puisque c'est là le corollaire de la citoyenneté, la montée d'une Europe puissance, c'est-à-dire dotée des prérogatives d'une puissance fédérale, souveraine et capable de compter sur la scène du monde, impliquant notamment une vision commune du monde, des intérêts géostratégiques et géopolitiques convergents, une défense commune et une politique étrangère concertée, voire sur les sujets les plus fondamentaux, commune elle aussi ?

L'Europe, au départ, c'est six États.

C'est une communauté de six pays situés à l'Ouest de l'Europe et qui décident de s'unir avec des objectifs précis, à la fois ambitieux et limités, ambitieux car il s'agit d'une union, d'une intégration, mais limités à des secteurs précis.

Aujourd'hui, nous sommes 27 et, il faut le reconnaître, nous avons en élargissant pris un risque immense, celui de diluer un projet.

Ce qui est possible ou était possible à six l'est-il encore à 27 ? Demain à 30 ou 40 ?

L'Europe est un peu à la croisée des chemins et nous devrions réfléchir à d'autres schémas qui pourraient re-dynamiser le projet des Européens de cœur et de raison que nous sommes : Union intégrée ? Union fédération ? Union confédération ? Ces différentes forme d'union pouvant correspondre, mais pas nécessairement, aux premier, deuxième et troisième cercles ?

Pourquoi ne pas envisager à terme une construction qui emprunterait à ces trois schémas ?

C'est une piste, c'est une idée, ce n'est peut être pas la solution, mais elle devrait être examinée car il faut inventer demain et faire preuve d'audace en sortant des sentiers battus.

En guise de conclusion, je voudrais dire que selon moi, la question ne se pose pas pour nous, démocrates, républicains et européens convaincus, de savoir si nous sommes favorables ou non à la construction de l'Europe, nous le sommes par définition, mais de savoir si nous entendons ou non être le fer de lance et les hérauts d'un projet politique audacieux, fort et cohérent, permettant de faire en sorte que l'on ne puisse plus dire demain que l'Europe est un géant économique mais un nain politique.

Je ne doute pas du sens de la réponse que nous serons à même d'apporter.

Puissions-nous garder le cap sur la question européenne en un temps où des discours convenus, pour ne pas dire critiques, sont tenus non seulement par les adversaires de toujours de la construction européenne mais par certains partisans d'hier.

Autant la critique, pour aller plus loin, pour aller vers plus d'Europe, me paraît non seulement souhaitable, mais nécessaire. Autant la critique, pour vider le concept d'Europe de toute substance, voire pour le condamner, me paraît injuste, voire suicidaire.

* * *

« L'AVENIR DE L'EUROPE »
6 juin 2009

L'auteur prend acte du fait que la campagne électorale menée à l'occasion des élections européennes des 4 et 7 juin 2009 n'a pas permis aux citoyens de l'Union de débattre des véritables enjeux relatifs à l'avenir de l'Europe, les partis politiques ayant globalement privilégié des thèmes de pure politique politicienne, faisant ainsi abstraction des questions de fond. Le vrai débat sur l'avenir européen ayant ainsi été occulté alors même que les peuples d'Europe étaient conviés à s'exprimer, il y a lieu désormais d'engager le débat nécessaire, mais celui-ci aura-t-il vraiment lieu ?

Le vrai débat sur l'avenir de l'Europe débutera au soir de l'élection du 7 juin 2009.

Je m'explique :

L'Europe a été trop souvent absente du débat politique engagé à l'occasion des élections européennes et ce, en France comme à l'étranger. Le phénomène n'est hélas pas nouveau et j'ai déjà eu l'occasion de le dénoncer en maintes occasions dans le passé, notamment en 2004 et en 1999.

Une fois de plus, des considérations trop souvent politiciennes et purement partisanes ont été omniprésentes durant cette campagne.

Une fois de plus, les repères sont brouillés et le flou artistique a dominé cette période.

Le plus petit dénominateur commun a été retenu chez les partisans de toujours de la construction européenne qui ont préféré opter pour un profil bas.

Sans doute fallait-il ne pas heurter les partisans du non au référendum et effaroucher les eurosceptiques !

Dès lors, le discours est devenu lisse, sinon inaudible, car les différences entre les uns et les autres s'estompaient et cessaient d'apparaître au grand jour, les uns et les autres invoquant l'Europe sans préciser de quelle Europe il s'agissait.

C'est ainsi que l'on parla d'Europe plus sociale, c'est assurément souhaitable, mais on ne dira rien sur les moyens et méthodes pour y parvenir !

C'est ainsi également que l'on parla d'Europe plus respectueuse de l'environnement et là encore c'est infiniment souhaitable, mais on ne dira rien non plus sur la manière d'atteindre cet objectif !

C'est ainsi encore que l'on parla de plan européen pour sauver l'économie de l'ensemble des pays qui appartiennent à l'Union mais cela ressemble presque à des vœux pieux dès lors que l'on ne dit rien sur la nature de l'Europe que l'on veut construire : Europe puissance d'essence fédérale ou simple zone économique et commerciale, sur son identité ou sur ses identités, sur ses frontières et donc ses limites, sur ses valeurs et le message que cette Europe doit porter sur la scène du monde.

Bientôt viendra l'heure des bilans et il faudra alors s'engager fermement.

J'ai toujours dit que l'Europe, la construction de l'Europe, était un grand dessein. Plus que jamais, il lui faut des avocats et d'ardents défenseurs animés par une passion commune : faire naître dans le cœur des peuples d'Europe un sentiment d'appartenance à une communauté de destin et promis à un avenir commun.

Mais il va falloir que les authentiques Européens apprennent à débattre avec sérieux et sérénité loin des vaines polémiques et des petites phrases assassines car la grande ambition d'une Europe puissance, c'est-à-dire dotée des prérogatives de la souveraineté, ne pourra se concrétiser si les calculs des uns s'ajoutent aux arrière-pensées des autres.

Il ne faut pas assassiner cette grande idée : donner le jour à une puissance nouvelle qui sera capable de tenir sa place et son rang sur la scène du monde face aux autres grandes puissances qui demain s'exprimeront et régiront l'avenir du monde, y compris le nôtre, nous peuples d'Europe, si nous ne sommes pas en mesure de taire nos divisions et de surmonter nos réticences.

C'est désormais à chaque citoyen d'Europe qu'il incombe de s'exprimer et d'œuvrer au renforcement des pouvoirs du Parlement européen pour que celui-ci puisse chaque jour davantage exprimer la volonté des peuples d'Europe et ce faisant, faire vivre une authentique démocratie européenne.

Plus que jamais nous devons œuvrer à l'affirmation d'une Europe puissance d'essence fédérale qui pourrait être le « noyau dur », l'avant-garde si l'on préfère, d'une Union européenne profondément repensée.

Mais il va falloir faire œuvre pédagogique et ne pas se tromper d'adversaires.

Aux citoyens d'Europe, j'ai envie de dire ce soir : Prenez votre destin en mains et exigez des institutions européennes qui soient en mesure de prendre en considération vos aspirations.

Viendra bientôt l'heure où, j'en suis persuadé, le projet européen passionnera les électeurs de tous nos pays. Cette heure viendra dès que les citoyens de l'Union auront pris conscience de leur pouvoir et les hommes politiques de leur devoir face à l'Histoire. »

Les années ont passé. Nous sommes en 2014. Les mêmes causes ont produit les mêmes effets. Les Européens de coeur et de raison vont-ils enfin prendre conscience de leur responsabilité devant l'histoire et s'engager avec plus d'ardeur et de détermination ? Nous l'espérons, je l'espère, même si je ne suis pas loin de partager l'idée exprimée à plusieurs reprises par un europhile convaincu et de talent, Jean-Louis Bourlanges, à travers cette formule percutante :

« L'Europe a à sa tête des hommes qui ne croient pas à l'Europe. »

7

POUR UNE DÉFENSE EUROPÉENNE ET OPÉRATIONNELLE

7 septembre 2014

En mars 2014, La Russie annexe la Crimée. Même si la Communauté internationale ne reconnaît pas en droit l'annexion, elle semble toutefois l'entériner de facto eu égard à ses faibles réactions.

Dans l'est de l'Ukraine, des forces séparatistes s'opposent à des forces loyalistes.

On enregistre de nombreuses victimes de part et d'autre.

En septembre, l'armée régulière doit faire face à la percée de rebelles pro-russes.

Ceux-ci, désormais contrôlent une portion non négligeable de l'est du pays.

« Le nationalisme, c'est la guerre ». Cette formule souvent rappelée par un homme d'État qui ne mettait pas son drapeau dans sa poche est plus que jamais d'actualité.

Des bruits de bottes se font de nouveau entendre aux confins de cette Europe aux contours incertains.

Des menaces, des provocations, des gesticulations de toutes sortes, au demeurant partagées et toutes aussi irresponsables les unes que les autres, ravivent des tensions, entraînent des haines et maintiennent un climat lourd de conséquences.

Certains vont jusqu'à évoquer un retour au temps de la guerre froide.

Guerre froide ou guerre bien réelle pour certaines populations, un fait est là : la guerre est une nouvelle fois aux portes de l'Europe et force est de constater que l'Union européenne est bien désarmée, au sens propre comme au sens figuré face à une crise qu'elle n'a pas su anticiper ou tout simplement imaginer tant elle était persuadée – à tort bien évidemment – que la guerre relevait désormais du passé et relevait de l'impensable.

C'était à l'évidence sous-estimer la capacité de certains à confondre nationalisme avec patriotisme. C'était aussi ignorer que les mêmes causes ou des causes voisines produisent souvent des effets du même genre. C'était en même temps accorder peu de crédit à la géopolitique et à l'histoire des peuples et des civilisations.

Des risques majeurs existent ainsi aux frontières de l'Union européenne.

Dans le même temps, le Proche-Orient connaît crises sur crises et le sang coule à flot, en Irak, en Syrie et en Libye notamment. Des fanatiques et terroristes font régner la terreur et menacent tous ceux qui ne pensent pas comme eux.

Les budgets militaires sont en hausse dans la plupart des pays du monde, notamment en Russie, en Chine et aux USA. Tel n'est pas le cas en Europe et en France, pour cause d'austérité et de restrictions budgétaires.

Au printemps dernier lorsque la question du respect ou non de la loi de programmation militaire 2014-2019 était posée et que des interrogations et des inquiétudes formulées ici ou là, y compris par le ministre de la défense, M. Le Drian, et ce, sur fond de malaise au sein de l'armée, le Premier ministre avait fait savoir qu'elle serait « totalement préservée ».

De fait, il était absolument nécessaire de « sanctuariser » comme il est coutumier de dire le budget de la défense au niveau où il avait été fixé à la fin de l'année.

Au-delà de tout esprit polémique il est cependant tout à fait légitime de s'interroger sur la nécessité ou non de faire mieux et de faire plus dans un contexte qui n'est pas caractérisé, c'est le moins que l'on puisse dire, par un esprit de détente et d'harmonie entre les nations, comme il vient d'être dit.

Aujourd'hui, il est absolument nécessaire de prendre conscience des enjeux et de la nature des défis.

En outre, il s'agit à l'évidence d'un domaine – celui de la défense et de la sécurité – dans lequel l'Europe doit s'investir à fond en procédant notamment à une mutualisation de nos dépenses en matière d'armement. Sans défense européenne forte et opérationnelle, il n'y a pas, il n'y aura pas d'Europe puissance, d'Europe souveraine.

8

UN PROJET EUROPÉEN EN MANQUE D'INSPIRATION ET DE SOUFFLE

30 décembre 2014

Dans un contexte de crise économique et de montée en puissance de forces hostiles au projet européen, il est ici fait état du manque d'ambition des dirigeants européens et de leur absence d'imagination.

L'Union européenne redoute l'arrivée de la gauche radicale au pouvoir en Grèce. La montée en puissance des populismes, qu'ils soient de droite ou de gauche, inquiète en effet de plus en plus les partis traditionnels de l'Union européenne.

L'austérité, notamment dans les pays du sud de l'Europe, n'est évidemment pas sans lien avec cette montée en puissance.

L'incapacité dans laquelle se trouvent nombre de gouvernements de l'Union européenne de maîtriser leurs déficits budgétaires, leurs taux de chômage, leur endettement public et d'obtenir un minimum de croissance en dépit de politiques de rigueur, voire d'austérité, renforce ce mouvement de fond qui nuit désormais gravement à l'image de l'Union européenne, voire à celle de la zone euro.

La crise s'est installée. Les pourfendeurs de l'Europe ont indéniablement marqué des points au cours des dernières années et les résultats obtenus par les partis pro-européens lors des dernières élections européennes ainsi que le fort taux d'abstention enregistré à cette occasion ne sont pas des faits encourageants quant à l'avenir du projet européen.

Une approche par trop libérale, commerciale pour ne pas dire mercantile, et économique, a éloigné les Européens d'un projet qui devait d'abord être conçu pour eux, c'est-à-dire pour eux, citoyens d'Europe et peuples d'Europe.

Mais, hélas, les tenants d'un nationalisme pur et dur ont su profiter des échecs et surtout des indécisions de beaucoup de dirigeants européens pour introduire le doute, le scepticisme, voire le rejet d'un destin partagé.

L'absence d'ambition et de courage de la part de nombreux chefs d'État et de gouvernement européens nuit désormais gravement à la cause des citoyens de l'Union européenne.

Elle traduit un rétrécissement de l'idéal européen et n'est que le reflet d'une dramatique déficience conceptuelle.

Le projet européen s'évapore parce qu'il n'y a plus de leader européen capable de redonner du sens et une dynamique à un projet européen en manque d'inspiration et de souffle.[3]

Il est absolument nécessaire, aujourd'hui, de galvaniser l'énergie de millions d'hommes et de femmes inquiets quant à leur avenir et à celui de leurs enfants.

Si les forces hostiles à l'Union devaient progresser encore et parvenaient demain aux responsabilités, nous pouvons d'ores et déjà faire le pronostic que les accents guerriers et belliqueux, que nous entendons déjà ici ou là, se développeraient de nouveau sur notre continent et avec eux des cortèges de haine, de xénophobie et de rejet de l'autre. Est-ce là l'image que nous entendons donner à l'Europe de demain ? N'est-il pas temps de dire : « Ce n'est pas ce que nous voulons. »

---

3. À l'exception notable de l'ancien président de la République, Valéry Giscard d'Estaing, qui, dans un ouvrage publié récemment : *Europa, la dernière chance de l'Europe*, propose un projet à la fois ambitieux et pragmatique sur lequel je reviendrai.

9

LE PROJET « EUROPA » MÉRITERAIT D'ÊTRE MIEUX DÉFENDU

26 avril 2015

Quelques mois après la parution d'un ouvrage intitulé *Europa la dernière chance de l'Europe*, ouvrage réalisé par l'ancien président de la République, M. Valéry Giscard d'Estaing, l'auteur entend rendre hommage à la lucidité de ce dernier qui en sa qualité d'ardent défenseur du projet européen s'inquiète de voir le dispositif actuel se disloquer faute d'ambition.

L'Europe se déchire. L'Europe unie, ce grand projet voulu et mis en œuvre par les pères fondateurs de l'Europe, est chaque jour un peu plus décriée, critiquée et vilipendée, comme je l'ai souvent indiqué, par nombre de dirigeants qui ont failli à leur mission.

Ces derniers n'ont pas su ou voulu, en effet, préserver l'héritage transmis par ceux qui ayant connu les affres de la guerre et ayant été confrontés aux totalitarismes et autoritarismes du XXᵉ siècle avaient décidé de faire œuvre de paix en bâtissant une Europe unie sur les décombres résultant de la seconde guerre mondiale.

L'ancien président de la République, M. Valéry Giscard d'Estaing, dans un ouvrage intitulé *Europa la dernière chance de l'Europe,* publié il y a quelques mois, indiquait : « Si on ne propose pas à l'opinion publique des objectifs concrets et réalistes d'intégration européenne, il existe un risque sérieux d'assister à la dislocation du dispositif existant. »

De son côté, l'ex chancelier allemand, M. Helmut Schmidt, dans la préface de l'ouvrage précité indiquait : « L'attentisme et l'immobilisme sont de mauvaises réponses devant l'imminence de la désintégration. »

Depuis des années, j'ai suffisamment appelé de mes vœux que les plus éminents europhiles puissent lancer un appel solennel en vue d'une refondation du projet européen pour ne pas rendre aujourd'hui hommage à ces deux hommes d'État qui ont, il y a quelques mois, mis les Européens devant leurs responsabilités tout en mettant l'accent sur l'urgence qu'il y avait désormais à agir si l'on ne voulait pas voir le projet européen échouer.

Le projet « Europa » du président Valéry Giscard d'Estaing a le mérite d'exister. Sans doute, eu égard aux circonstances actuelles et à l'état présent de l'Europe, ce projet n'est-il pas aussi ambitieux que ce que les plus ardents défenseurs du projet européen étaient en droit d'espérer. Il se veut cependant pragmatique, sérieux et susceptible de favoriser cette refondation à partir de quelques États d'une Europe plus intégrée.

Il est permis, en revanche, de s'interroger là encore sur le peu d'écho enregistré à la suite d'une telle proposition.

Pourquoi tant de silence, pourquoi cette absence de réaction de la part de ceux qui pourraient en raison même de leurs fonctions et de leur rôle en appeler à un sursaut, à une initiative ?

Pourquoi cette absence de mobilisation, cette forme d'impuissance et d'acceptation fataliste d'un avenir peu glorieux pour le projet européen hier encensé et présenté comme l'avenir incontournable des peuples d'Europe ?

L' « euroscepticisme » grandit. Il compte désormais dans ses rangs, non seulement les eurosceptiques de la première heure, c'est-à-dire ceux qui ne croyaient pas en ce projet mais aussi des europhiles qui voulant le voir aboutir doutent aujourd'hui de la capacité et surtout de la volonté de nombre d'acteurs politiques européens de premier plan d'emprunter les voies qui le lui permettent.

Ce sont maintenant les « europhobes » qui font entendre leurs voix en haussant le ton, profitant des peurs et des angoisses des habitants d'Europe.

Qui relèvera le défi au nom des Européens de cœur et de raison ?

Oui, le projet « Europa » mériterait d'être mieux défendu car à ce jour il constitue la seule piste crédible, piste qui devrait servir de base de discussion en vue d'une relance du projet européen.

10

L'AVENIR DES RELATIONS ENTRE LA GRANDE-BRETAGNE ET L'UNION EUROPÉENNE

10 juin 2015

Les Britanniques procèdent le 7 mai 2015 au renouvellement de leurs représentants au sein de la Chambre des Communes.

M. Cameron, obtient une majorité absolue et l'incertitude s'installe quant au maintien de la Grande-Bretagne au sein de l'Union européenne, eu égard aux velléités du Premier ministre britannique de sortir son pays de l'Union.

Le temps est à l'heure du Brexit.

L'auteur fait valoir qu'il serait opportun dans le cadre des négociations de refonder un projet crédible autour d'une Europe à deux vitesses et de ne rien faire qui soit de nature à distendre les relations entre la Grande-Bretagne et les autres pays de l'Union.

Le 7 mai 2015, les Britanniques ont procédé à l'élection des 650 députés composant la Chambre des Communes. À la faveur de ce scrutin, M. David Cameron a obtenu 331 sièges, soit plus que la majorité absolue fixée à 326.

Ces résultats ont dans l'ensemble surpris nombre d'observateurs qui, sur la base de sondages, pronostiquaient un coude à coude avec le Labour (parti travailliste), sous-estimant sans doute la possibilité de faire un pronostic fiable dans le cadre d'une part, d'un mode de scrutin majoritaire uninominal à un tour et, d'autre part, dans le contexte actuel de la Grande-Bretagne. Ce contexte se caractérisant par l'apparition d'un pluralisme d'un genre nouveau lié à la montée en puissance de forces centrifuges, c'est le cas notamment des indépendantistes écossais, et des europhobes de l'UKIP ainsi que de la frange la plus extrémiste du parti conservateur.

Bien que minoritaire en voix, c'est le propre de ce mode de scrutin, ce dernier parti détient donc une représentation lui permettant de gouverner sans être obligé de faire une coalition avec une autre force politique.

Pour autant, au-delà d'une majorité apparemment cohérente et homogène, un seul parti exerçant le pouvoir, il est permis de s'interroger sur les conséquences de ces élections non seulement quant à l'avenir de la Grande-Bretagne mais aussi quant à l'avenir de la Grande-Bretagne au sein même de l'Union européenne.

Des interrogations demeurent, à cet égard, quant aux intentions réelles du gouvernement britannique dans sa volonté de quitter ou non l'Union. Certes, tout en confirmant à plusieurs reprises, et en dernier lieu le 27 mai dernier, son intention de provoquer un référendum sur le maintien ou non de son pays dans l'Union, le Premier ministre britannique a souvent assuré qu'il ferait campagne pour son maintien dans l'Union s'il réussissait à négocier une réforme du fonctionnement de celle-ci.

Trois électeurs britanniques sur quatre approuvent la promesse du Premier ministre d'organiser un tel référendum, même si le choix du corps électoral semble encore incertain. À l'évidence, il apparaît que les conservateurs, hier europhiles, paraissent être davantage eurosceptiques voire franchement europhobes.

M. Cameron a hélas sans doute contribué à cette regrettable évolution du fait de ses surenchères et excès tendant à endiguer la montée en puissance de l'UKIP de M. Nigel Farage. Ainsi, l'accent a-t-il été souvent mis sur les aspects négatifs et non sur les avantages résultant de l'appartenance à l'Union. Il en est hélas souvent de même dans nombre d'autres pays de l'Union y compris et surtout en France.

Ce faisant, c'est la thèse des plus fervents adversaires de la construction européenne qui progresse un peu partout au sein de l'Union européenne. D'autres élections, en Grèce, en Finlande, en Pologne, en France, en Italie, mais on pourrait poursuivre la liste, traduisent la montée en puissance de forts courants populistes, xénophobes et eurosceptiques.

S'agissant de la Grande-Bretagne, on relèvera un paradoxe. En effet, face à la volonté de nombre de Britanniques de quitter l'Union européenne on observe en revanche que les Écossais, s'ils manifestent de fortes velléités de s'émanciper du Royaume-Uni, entendent pour leur part demeurer au sein de l'Union au même titre d'ailleurs que les milieux d'affaires de la City.

Il est permis aujourd'hui de s'interroger et à certains égards de s'inquiéter sur ce que d'aucuns qualifient désormais de « Brexit » (sortie de la Grande-Bretagne de l'Union européenne). Les Britanniques et les autres membres de l'Union européenne doivent prendre l'exacte mesure des conséquences que pourrait engendrer un tel départ et l'effet d'entraînement qu'il pourrait exercer. Il serait dramatique de détricoter la construction européenne, opération complexe mais salutaire. Aussi, sans doute faut-il saisir l'opportunité de la phase annoncée de négociations entre la Grande-Bretagne et ses partenaires pour refonder un projet crédible autour d'une Europe à deux vitesses dont l'idée souvent défendue ici même semble désormais recueillir l'assentiment de plus en plus d'artisans et de partisans de la construction européenne.

En tout état de cause, il convient de s'attacher à ne rien faire qui puisse opposer davantage la Grande-Bretagne au reste de l'Union, même s'il faut mettre l'accent sur le respect de règles communes. Le destin de la Grande-Bretagne est dans l'Union, dans une Union rénovée et non à l'extérieur.

11

EUROPE : ATTENTION, DANGER !
9 juillet 2015

La dette grecque continue de s'alourdir. Connaissant une situation économique très grave, la Grèce se trouve au bord du Grexit au cœur de l'été 2015.

Des dissensions apparaissent au sein de l'Union quant aux réponses à apporter aux demandes de la Grèce de renégocier sa dette.

Certains en Europe, en Allemagne en particulier, militent en faveur de la sortie de la Grèce de l'Union.

Ne biaisons pas, l'heure est grave et le temps presse car des forces centrifuges sont à l'œuvre. Cessons d'être des candides, en ce domaine comme en beaucoup d'autres.

Le projet européen serait menacé si les dirigeants européens tergiversaient longtemps encore et donnaient l'impression d'hésiter et d'être incapables d'opérer un choix clair et pérenne quant à l'avenir de la Grèce au sein de la zone euro, voire au sein de l'Union européenne. Il en serait de même si les dirigeants grecs donnaient de leur côté l'impression de louvoyer en jouant sur les nerfs des autres dirigeants et peuples européens.

À l'Élysée, le mardi 6 juillet 2015, le président de la République a mis l'accent sur les notions de responsabilité et de solidarité. À l'évidence, c'est autour de ces valeurs que peut et doit se dessiner l'avenir de l'Europe, d'une Europe ambitieuse et fidèle au message dont elle doit continuer à être porteuse.

Le regard que l'on porte sur la dette doit-il être uniquement de nature économique ou ne doit-il pas être également de nature politique ?

N'oublions jamais que dans notre esprit l'Europe doit être d'abord un projet politique avant d'être une simple construction économique et commerciale même si c'est sous cette forme qu'elle est encore le plus souvent perçue par nombre d'Européens.

Au cours des dernières années, la charge de la dette grecque a été déjà allégée, les banques privées ayant notamment accepté d'abandonner plus de 100 milliards d'euros et les taux des intérêts des emprunts ayant été diminués. De fait, la Grèce avait réussi à la fin de l'année 2014 à dégager un léger excédent primaire. Pour autant, la dette grecque s'établit aujourd'hui à environ 325 milliards d'euros, soit plus de 175% de son PIB. Dans ces conditions, quid de nouveaux efforts demandés tant au peuple grec qu'aux autres Européens par le biais ici de nouveaux plans d'austérité et là par l'octroi de nouveaux prêts ? Certains, en effet, ont le sentiment d'un puits sans fond et d'autres, souvent les mêmes, évoquent le tonneau des Danaïdes, ce qui revient au même.

C'est une question de visibilité, de crédibilité et de dignité a également déclaré le chef de l'État en recevant mardi dernier Madame Merkel à l'Élysée.

Nous devons accepter l'idée d'une souveraineté partagée, ce qui implique précisément pour les peuples d'Europe d'accepter les nécessaires convergences et de faire naître de légitimes compromis. En vérité, ce sont des impératifs géopolitiques et géostratégiques qui doivent guider nos pas. C'est l'intérêt de la Grèce, c'est l'intérêt de la France, c'est l'intérêt de l'Europe de trouver une solution à la crise actuelle.

Trop d'incertitudes planent au-dessus de la zone euro. Il ne faudrait pas que des exigences inconsidérées finissent par annihiler l'existence même de l'euro.

Les sommets de la dernière chance se succèdent et concourent à éloigner les citoyens lambda de l'Europe à se détourner du concept européen.

L'Europe politique seule permettra la mise en place d'un authentique gouvernement économique de la zone euro, comme nous le préconisons depuis des années, et c'est ainsi que l'on sortira par le haut de la crise dans laquelle l'Europe s'enfonce.

Trop d'apprentis sorciers, aux deux extrémités de l'échiquier politique, se réjouissent en espérant que le projet européen se délitera dès lors que la Grèce sortirait de la zone euro. Nous n'avons pas le droit de nous tromper et de leur donner raison. Un sursaut s'impose. Un nouveau départ est nécessaire. Puissent les gouvernements d'Europe faire preuve de responsabilité et comprendre que l'Europe est le dernier rempart face à la montée des nationalismes et des replis identitaires. Ils doivent à cet égard faire œuvre de plus de discernement et hiérarchiser les problèmes en ayant une approche géostratégique, historique, culturelle et disons-le politique. Les enjeux, au-delà des chiffres, certes impressionnants, sont considérables au regard du message que nous pouvons et devons adresser au monde.

12

L'EUROPE FACE AU PROBLÈME DES RÉFUGIÉS

11 octobre 2015

Depuis des années déjà, l'épineux problème de l'immigration est au centre de nombreux débats tant en France qu'en Europe.

Une fois de plus, il semble que sur un point particulièrement sensible de la vie politique de notre continent, les différents États de l'Union ont des approches trop souvent divergentes.

On observe désormais une extraordinaire confusion autour du thème de l'immigration et du phénomène des réfugiés.

Le choc des images (le corps inerte d'un jeune enfant sur une plage, celui d'Aylan), les images souvent insoutenables de centaines, de milliers de personnes tentant par tous les moyens de traverser la Méditerranée, souvent au prix de leur vie, des femmes et des hommes s'engouffrant dans des wagons surchargés ont alerté et souvent choqué les opinions publiques des diverses nations d'Europe.

Force est de constater que surenchères, propos alarmistes et souvent indécents émanant de personnes semblant dépourvus à certains égards de tout sens de l'humanité sont légion.

Dans le même temps, force est également de constater que l'on entend des propos démagogiques et de nature à accréditer l'idée que tout est possible et que tous les pays de l'Europe sont capables d'accueillir toujours plus et ce, sans aucune limite.

On ne peut que déplorer, en vérité, l'absence de discours clairs, de mises en perspective et du moindre effort pédagogique.

On ne peut aussi que dénoncer l'exploitation des peurs qui peuvent parfois s'exprimer alors qu'il faudrait expliquer et rationaliser les approches.

Une constatation, une fois de plus s'impose : l'extraordinaire diversité des positions et des politiques défendues et menées par les différents États de l'Union et l'absence de toute concertation, au moins apparente, entre les divers dirigeants de celle-ci.

À cet égard, au-delà des situations spécifiques à chacun de ces États, on ne peut que déplorer l'absence d'une réelle harmonisation en matière de politique migratoire et de politique à l'égard du problème des réfugiés qui prend une ampleur considérable en raison de l'extension des conflits au Proche et Moyen-Orient.

À cet égard aussi, on ne peut faire abstraction des controverses autour des notions de réfugiés de guerre, de réfugiés politiques, d'immigrés légaux et de clandestins, souvent pour des raisons économiques. On ne peut davantage faire abstraction des querelles de chiffres qui ne sont certes pas anodines : 24 000, 120 000, 160 000, 450 000, 800 000 ! Que recouvrent ces statistiques ?

Rien n'est dit et fait pour expliquer rationnellement les faits et permettre aux opinions publiques des divers États de se former en toute objectivité !

Un jour, l'Allemagne, par la voix de sa chancelière, se déclare prête à recueillir 800 000 réfugiés, sans au demeurant informer les autres dirigeants de l'Union européenne. Un autre jour, pas longtemps plus tard, la chancelière se déclare « dépassée, débordée », si l'on en croit la presse, avant d'indiquer tout récemment que [si s'était à refaire], « je ferais la même chose ».

Le vice-chancelier, Monsieur Gabriel, de son côté, laisse entendre dans un premier temps, en septembre, que l'Allemagne est à même d'accepter 500 000 réfugiés par an, avant de préciser début octobre : « Nous devons absolument parvenir à réduire sensiblement l'année prochaine le nombre de réfugiés en Allemagne », estimant qu'il en va selon lui de la « cohésion de la société allemande ».

On entend ainsi tout et son contraire, et ce, en un laps de temps particulièrement court, ce qui n'est évidemment pas de nature à rasséréner les esprits et à calmer le jeu politique.

Un certain équilibre est à trouver. Il faut, d'une part, éviter les pièges d'un emportement émotionnel qui pourrait être à certains égards contreproductif et déchaîner des campagnes indignes émanant de ceux qui réfutent une approche jugée par eux laxiste et irresponsable.

Il faut avoir à l'esprit, d'autre part, que le devoir premier des dirigeants est de tenir là, comme en bien d'autres domaines, un discours de vérité et prendre en considération les réalités afin d'appréhender l'avenir avec sérénité et le sens aigu des responsabilités.

Une politique européenne claire et crédible répondant à ces deux exigences s'impose en la matière dans un contexte particulièrement inquiétant pour le devenir démocratique de l'Union européenne, cette dernière étant désormais confrontée à des vents mauvais, ceux des populismes et extrémismes de toutes sortes qui n'ont qu'un seul objectif : défaire et détruire ce qui existe pour renouer avec les démons du passé toujours prompts à faire feu de tout bois sur l'autel de l'intolérance et de la division séculaire de l'Europe du fait de nationalismes étriqués et désuets, incapables de transcender les divisions de leurs peuples et d'affirmer sur la scène du monde le rôle d'une Europe puissance, donc souveraine et maîtresse de son destin.

13

AUX EUROPÉENS DE REPRENDRE L'INITIATIVE

16 janvier 2016

Le texte ci-dessous reproduit est extrait d'une intervention de l'auteur faite le samedi 16 janvier 2016 à Paris devant des responsables et militants de la cause européenne.

Au-delà de certains progrès, le projet européen semble à certains égards soumis à une sorte de blocage, voire de paralysie.

L'auteur en appelle, une fois de plus, à une relance du processus de construction de l'Union européenne en privilégiant l'idée d'une Europe souveraine, idée qui, au départ, ne peut que concerner un nombre limité d'États, en quelque sorte une avant-garde.

L'Europe a certes progressé sur certains plans, en particulier sur le plan monétaire, même si bien des obstacles se sont présentés sur son chemin en l'absence notamment d'une politique économique commune et d'une harmonisation fiscale et sociale. Mais nous assistons surtout, nonobstant certaines avancées généralement acquises à la faveur de crises à répétition et de sommets de la dernière heure, voire de la dernière chance, qui ternissent l'image de l'Europe auprès des citoyens, à une sorte de blocage, de paralysie.

L'Europe n'avance pas, car c'est l'intergouvernemental qui commande aujourd'hui. Il manque une volonté. Il manque une ambition européenne. Il manque surtout une vision claire de l'avenir de l'Europe.

Nous observons aussi une absence de véritable souffle, une absence de leaders ou de dirigeants, d'hommes politiques et de chefs d'État compris, ayant une dimension prophétique et un charisme suffisant permettant de galvaniser les énergies et d'entraîner des peuples gagnés par le doute.

Beaucoup parlent d'Europe, mais quid du contenu de cette Europe, de sa nature, de son objet ? Les réponses divergent de plus en plus et les citoyens de nos diverses nations sont de plus en plus perplexes.

Sans vouloir caricaturer, il faut admettre que l'élargissement prématuré de l'Union européenne avant de procéder à l'approfondissement indispensable si l'on voulait faire le choix d'une Europe politique plus intégrée, donc d'une puissance, a privilégié l'émergence d'une zone économique, d'une zone de libre échange.

Aujourd'hui, le projet européen vacille. Rares sont les femmes et les hommes politiques qui osent prendre la défense de l'idée même d'Europe. Le courage n'est pas très présent car l'air du temps ne suscite pas des vocations européennes.

Les nationalismes sont de retour. Les vagues migratoires et désormais l'arrivée massive dans certains États de l'Union et désormais de réfugiés dans le plus grand désordre ravivent les peurs, les craintes et les angoisses et ces dernières sont exploitées par les europhobes de toujours.

Dans le même sens, il faut regretter et plus encore dénoncer l'absence de concertation et de coordination dans un trop grand nombre de domaines.

Chaque État se doit en effet d'agir en concertation avec les autres États.

Prenons à titre d'exemples, parmi beaucoup d'autres :

Le problème des réfugiés et la position de la chancelière Angela Merkel.

L'absence de politique étrangère, sinon commune, du moins concertée, en dépit de l'existence d'une ministre des affaires étrangères, vice présidente de la Commission.

L'absence de défense européenne alors qu'il serait utile de procéder au moins à une mutualisation des moyens et à une meilleure répartition des charges.

L'absence d'harmonisation fiscale, sociale, économique.

Sur un certain nombre de points, il y a urgence à sortir de l'ambiguïté, si nous voulons que l'image de l'Europe auprès des peuples de l'Union ne soit pas davantage ternie.

Quid, à cet égard des États qui ne respectent pas l'État de droit ? Je pense notamment à la Hongrie et à la Pologne.

Quid de Schengen ? Quid des relations avec la Turquie, qui n'a évidemment pas sa place au sein de l'Union européenne si nous faisons le choix d'une Europe puissance[4]. Quid également des relations avec l'Ukraine ?

Il faut en finir avec une certaine forme de cynisme et tenir un discours clair et responsable sur tous ces points comme sur beaucoup d'autres.

L'Europe, qui n'a pas anticipé certains événements du fait que les États jaloux de leurs prérogatives ne l'ont pas dotée des instruments de la puissance, est débordée et, comble du paradoxe, montrée du doigt.

Or, c'est l'impéritie des États, c'est le refus de toute structure d'essence fédérale qui permet aux europhobes de toujours de dénoncer et de condamner l'Europe.

Si l'Europe a failli sur bien des points, c'est parce qu'elle ne disposait pas des moyens lui permettant de mener une politique de puissance, c'est-à-dire dotée des instruments de la souveraineté.

Promouvoir une Europe puissance, une Europe souveraine, c'est assurément un grand dessein mobilisateur.

À cet égard, j'ai toujours dénoncé la collusion de fait entre les souverainistes et les adeptes d'une Europe se réduisant à une simple zone de libre échange.

À cet égard aussi, il faut rappeler que j'ai toujours estimé qu'il fallait, face à cette collusion, appeler les défenseurs de l'Europe puissance à se rassembler en transcendant leurs clivages politiques pour faire avancer ce grand projet, ce grand dessein.

____

4. Voir *Pour une Europe puissance*, p. 144.

Face à la montée en puissance des populismes et des replis identitaires et nationalistes, il faut que les partisans d'une Europe puissance, d'une Europe souveraine, au-delà de leurs légitimes différences sachent transcender leurs clivages et divergences.

Face au silence des politiques, face à la timidité des partis politiques, face à l'inertie des forces hier mobilisées en faveur de la construction européenne et aujourd'hui bien promptes à mettre leur drapeau dans leur poche. Il faut reprendre l'initiative. Comment ?

Se contenter de vouloir unifier des forces en créant une structure unique regroupant plusieurs organisations ne permettrait pas de relancer une dynamique. Un plus un font rarement deux.

En revanche, il convient d'établir des liens entre différentes associations et organisations militant en faveur de la construction européenne en s'inspirant de la devise de l'Union européenne : « Unis dans la diversité ». Établissons des convergences, des relais, amplifions nos messages respectifs dès lors qu'ils vont dans le même sens. Sachons nous mettre d'accord sur les objectifs fondamentaux qu'il convient d'atteindre.

Là encore, il faut définir et affiner le grand dessein d'Europe souveraine.

Il faut s'entendre sur des valeurs. Il faut devenir plus offensifs, ne pas se contenter de slogans creux et vagues. Il faut faire preuve de plus de pédagogie. Il faut donner du sens et du contenu au concept d'Europe que nous entendons défendre et promouvoir. Il faut être en effet particulièrement rigoureux et précis quand on se déclare favorable à la construction européenne.

Il faut surtout expliquer pourquoi l'Europe souveraine, si elle existait, permettrait aux différents États qui la composeraient, d'exister davantage sur la scène du monde.

Sachons désigner nos adversaires qu'ils soient europhobes, eurosceptiques ou souverainistes.

Nous pouvons également envisager des actions ponctuelles, établir des pétitions, publier des communiqués.

Les temps sont mauvais pour l'Europe.

Des vents contraires se sont abattus au dessus des différents pays de l'Union.

On observe une absence de volonté politique, une absence de courage et souvent de convictions européennes chez la plupart des dirigeants politiques, nationaux et européens.

Certes, quelques personnalités à Bruxelles, à Strasbourg, notamment, disent et semblent vouloir faire progresser la construction européenne.

Pour autant, nous ne pouvons que déplorer et regretter l'absence d'initiative forte et concrète.

La simple évocation d'une relance du projet européen suscite ici et là maintes réticences.

Alors, on se contente de colmater les brèches.

On gère. On fait le dos rond. On attend des jours meilleurs.

On parle d'Europe, sans y croire vraiment.

Une dynamique nouvelle s'impose au plus haut niveau. Un nouveau départ est nécessaire. Il faut aller vers un acte fondateur fort.

Des associations, des groupes et mouvements comme les nôtres ont un rôle à jouer à la fois auprès des citoyens, des partis.

Ils se doivent aussi d'interpeller les dirigeants politiques, les gouvernants et les chefs d'État afin qu'ils lancent un appel en faveur d'une relance du processus de construction européenne et s'emploient réellement à porter un tel projet.

L'Europe à 28, il faut l'accepter, ne peut être aujourd'hui le cadre idéal pour l'Europe souveraine préconisée.

Celle-ci peut et doit se faire, mais au départ, en tout état de cause, elle ne peut que concerner un nombre limité d'États désireux de s'engager dans la voie d'un véritable fédéralisme impliquant des délégations, voire des abandons de souveraineté.

Peut-on, doit-on parler d'avant-garde ? de l'Europe des trois cercles, concept défendu en son temps par le président François Mitterrand ou du projet Europa préconisé par le président Valéry Giscard d'Estaing ?

L'Europe de nos vœux est à construire. N'oublions jamais qu'il s'agit de construire l'Europe des hommes, l'Europe des citoyens et non l'Europe des nationalismes et des tribus, ni même celle des seuls marchands.

C'est à une communauté de destin qu'il convient de donner le jour.

À cet égard, parmi bien d'autres propositions qu'il conviendrait de faire, nous devrions réfléchir sur l'intérêt de faire coïncider les élections européennes avec les élections nationales propres à chaque État, cette mesure permettant à la fois une meilleure mobilisation et une européanisation des programmes, le renforcement du Parlement européen avec une meilleure prise en considération du poids démographique des États, une valorisation en toute circonstance de la devise européenne, de l'Hymne et du drapeau européen et un renforcement de la notion de citoyenneté européenne.

Une véritable mobilisation s'impose, avec l'espoir qu'il n'est pas désormais trop tard.

14

APPEL AUX DIRIGEANTS NATIONAUX ET EUROPÉENS

21 janvier 2016

Par un communiqué diffusé le 21 janvier 2016, le Rassemblement Civique pour l'Europe lance un appel en direction des femmes et des hommes d'État d'Europe afin qu'ils relancent la dynamique européenne au moment où les adversaires de la construction européenne semblent de plus en plus actifs.

Le Rassemblement Civique pour l'Europe (RCE) lance un vibrant appel aux dirigeants nationaux et européens et plus encore aux femmes et aux hommes d'État afin que ces derniers étudient sans plus attendre les moyens de relancer la dynamique européenne.

Un acte fort, un acte fondateur puissant est nécessaire alors que les forces centrifuges sont à l'œuvre au cœur de l'Europe.

Face à la montée en puissance des eurosceptiques et surtout des europhobes de toujours, il faut dire pourquoi il faut plus d'Europe et s'engager sur la voie d'une Europe souveraine, d'essence fédérale, pour les États qui font ou feront le choix d'une plus grande intégration, notamment sur les plans politique, économique, fiscal et social.

Face à la montée des périls (retour de nationalismes exacerbés, guerres et tensions dans de nombreuses régions du monde, afflux de réfugiés s'effectuant dans le plus grand désordre), l'Europe doit s'organiser, coordonner davantage les actions de ses divers membres, harmoniser autant que faire se peut leurs législations et mutualiser tout en les développant les capacités de l'Union européenne sur le terrain militaire.

Les partisans d'une Europe puissance ne peuvent garder leur drapeau dans leur poche sous peine de porter une lourde responsabilité au regard de l'Histoire et à l'égard des générations qui viennent.

15

UNE SITUATION INQUIÉTANTE

1er mai 2016

L'auteur, ardent défenseur d'une Europe puissance, d'une Europe souveraine, regrette une fois de plus que les chefs d'État de cette Europe en devenir ne prennent pas davantage en considération la nécessité de jeter les bases d'une Europe susceptible de jouer un rôle sur la scène du monde. Aussi, juge-t-il la situation inquiétante.

L'Europe se délite. Les inquiétudes d'hier étaient justifiées. Peu à peu, les faits s'ajoutant aux paroles et aux actes témoignent de la faiblesse dans laquelle se trouve aujourd'hui le clan des partisans d'une construction européenne pouvant déboucher sur la naissance d'une authentique puissance européenne.

J'observe, et ceci est plus inquiétant encore, que nombre d'avocats de la constitution d'une Europe plus unie, plus soudée, plus politique n'ont pas une claire vision de ce que sous-entend et implique le concept même d'une Europe souveraine, concept que je défends pour ma part depuis de nombreuses années.

Mais aujourd'hui, et ceci est encore plus grave, une question doit être posée prioritairement et appelle une réponse rapide : est-il encore possible, encore temps, pour les plus ardents défenseurs de la cause des peuples européens, de sauvegarder l'essentiel de ce qui a été accompli par les générations précédentes puisque force est de constater que celle qui est aux responsabilités ou l'a été dans un passé récent a laissé se déliter un grand projet par manque de conviction ou de volonté si ce n'est des deux à la fois.

La foi en la construction européenne n'est pas en effet leur credo. Trop de femmes et d'hommes ont laissé se ternir l'image d'une Europe puissance faite de citoyens unis dans la diversité préférant privilégier une Europe fondée moins sur les valeurs que sur la conquête permanente de nouvelles parts de marché. À trop vouloir élargir sans approfondir, ils ont éloigné les peuples et ont distendu les liens qui les unissaient les uns aux autres alors que le projet européen devait rapprocher et rassembler.

Depuis des années, nous sommes un certain nombre à appeler de nos vœux un sursaut. Il tarde à venir et il se fait désormais bien tard !

16

SAVOIR RAISON GARDER

21 juin 2016

Il s'agit ici dans un contexte national et international marqué par une radicalisation des propos et une montée en puissance des forces extrémistes de toutes sortes, d'en appeler au sens de la raison et de mettre fin à l'engrenage de la violence et de l'intolérance.

La violence du verbe, l'extrémisme sous toutes ses formes sont les signes de sociétés malades et en manque de repères. Elles sont indiscutablement la marque de systèmes politiques qui ne sont plus à même d'assumer cette tâche fondamentale qui consiste à dégager des consensus et à préserver la cohésion de la société dont ils ont la charge.

La violence frappe ici ou là, de nouveau et de façon récurrente, certes un peu partout à travers le monde, mais aussi de plus en plus au cœur de cette Europe en voie de constitution, à l'intérieur de chacun des États la composant.

La violence, qu'elle soit verbale ou physique, n'a jamais cessé d'exister depuis que le monde existe. Elle fait partie intégrante de notre cadre de vie et a toujours occupé, hélas, si l'on peut dire, une place de choix dans les difficiles relations humaines. Il en est de même, s'agissant des relations entre les États et entre les peuples.

La paix n'est souvent qu'une parenthèse, un moment éphémère, fugace que l'on croit définitif, acquis pour la vie, alors que déjà tonnent à l'horizon les démons de la haine, du refus, du rejet de l'autre, des autres, de tous les autres.

Les démagogues reprennent de la voix, entonnent des chants guerriers, exaltent les ressentiments, invectivent ceux qui n'ont pas l'heur de leur plaire et excitent les passions en ayant toujours recours aux plus viles doctrines.

La violence du verbe, en effet, arme ici ou là le bras d'un terroriste fanatisé au service d'une cause d'un autre temps, d'un nationaliste exacerbé, d'un xénophobe, d'un raciste de quelque obédience que ce soit car toute forme de racisme, y compris anti-blanc, est inqualifiable, d'un antisémite d'hier, d'aujourd'hui ou de demain.

Ici, des policiers sont tués parce qu'ils sont policiers, là, d'autres le sont parce qu'ils sont qualifiés de mécréants par des terroristes islamistes, d'autres parce qu'ils sont Juifs, Chrétiens, Musulmans, agnostiques, athées, défenseurs de la liberté d'expression et d'opinion, journalistes, élus défendant une cause en laquelle ils ont le droit de se reconnaître et de tenter de faire partager leur point de vue.

Le démagogue et avec lui le populiste dénaturent la démocratie, ce n'est pas une nouveauté, car ils sont capables de caricaturer, de grossir à dessein les traits, étant incapables en revanche, car tel n'est pas leur intérêt, d'expliquer rationnellement et de faire œuvre pédagogique.

Par leurs généralisations abusives, par leurs propos outranciers, par l'énoncé de leurs solutions simplistes, ils égarent celles et ceux qui se jettent dans leurs bras, convaincus d'avoir été entendus alors qu'ils n'ont été que manipulés et abusés.

Aujourd'hui, à travers toutes les nations d'Europe, au sein desquelles la génération venue aux responsabilités après la seconde guerre mondiale avait voulu constituer un espace de paix et de liberté, des forces irrespectueuses du combat de leurs pères, aveugles quant aux conséquences de leurs comportements, sourdes aux appels de ceux qui veulent construire et bâtir et non détruire, des forces donc, tentent de tourner une page importante de l'histoire de l'Europe.

De nouveau, elles invoquent le chacun pour soi, le repli identitaire, le refus de l'autre et le morcellement de l'Europe qu'ils condamnent ainsi à la paralysie, voire à la mort, en un temps où seuls les États continents ont et auront plus encore demain la capacité d'exister sérieusement, autrement dit de compter et de participer à la marche du monde.

Ce climat d'intolérance et de radicalisation que j'ai souvent eu l'occasion de dénoncer est intolérable et tout simplement méprisable et insupportable à la fois.

Halte à la surenchère et à l'engrenage qui ne pourront l'un et l'autre que nous entraîner sur une pente fatale et sans doute irréversible.

Oui, sachons plus que jamais raison garder avant qu'il ne soit trop tard !

17

COMMUNIQUÉ DU RASSEMBLEMENT CIVIQUE POUR L'EUROPE (RCE)
27 janvier 2017

Le communiqué ici reproduit dénonce les propos tenus par le nouveau président des États-Unis, Monsieur Donald Trump, propos particulièrement agressifs à l'égard de l'Union européenne et de l'OTAN, évoquant à son propos d'obsolescence.

———◆◆———

L'Europe a été violemment interpellée par le nouveau président des États-Unis qui se croit autorisé à tenir des propos indignes de la part d'un homme qui accède aux plus hautes responsabilités à la tête d'une grande démocratie qui a été et se doit de demeurer l'alliée des peuples d'Europe.

Cette interpellation a été hélas rendue possible parce que l'Europe montre aujourd'hui ses divisions et que ses dirigeants n'ont pas su donner le jour à un grand projet qui fasse de l'Europe, en tout état de cause d'une partie de celle-ci, c'est-à-dire des États les plus motivés, pour l'essentiel les États fondateurs de l'Union et de quelques autres, un partenaire politique respecté et reconnu sur la scène du monde.

Aujourd'hui, le Brexit, l'accès aux responsabilités de Donald Trump, la montée en puissance ici et là de populismes et des velléités de radicalisations de toutes sortes appellent une réponse forte et sans ambiguïté : l'émergence d'une Europe puissance dotée des instruments de la souveraineté.

Cela implique, au-delà de l'existence d'un marché commun et d'une monnaie unique au sein de la zone euro, d'aller vers une plus grande harmonisation de nos politiques économiques, fiscales et sociales ainsi qu'en matière de politique étrangère. Cela implique aussi, et c'est fondamental, un renforcement et une mutualisation de nos moyens de défense et de sécurité tant au plan intérieur qu'extérieur et l'ébauche d'une véritable politique européenne de défense en étroite coopération et concertation avec la Grande-Bretagne qui doit, à cet égard notamment, demeurer notre partenaire privilégié.

18

LA FRANCE, L'EUROPE, LE MONDE
15 mars 2017

À l'occasion d'une réunion-débat organisée par le Rassemblement Civique pour l'Europe à quelques jours du soixantième anniversaire de l'adoption du traité de Rome, l'auteur s'interroge sur la capacité des dirigeants et des acteurs politiques à anticiper les événements dans un monde incertain, dangereux et inorganisé qui se militarise de plus en plus et où les nationalismes les plus exacerbés haussent le ton.

———◆◆———

Le titre retenu pour cette réunion-débat, la France, l'Europe, le monde, peut certes paraître ambitieux. Pour autant, il correspond bien me semble-t-il à l'approche que nous devons avoir dans le contexte actuel.

Nous sommes à la veille d'échéances majeures, sinon décisives, pour l'ensemble des peuples d'Europe et ce, à la veille d'un anniversaire important.

Le 25 mars prochain, en effet, l'Europe fêtera ses soixante ans, c'est-à-dire le soixantième anniversaire du traité de Rome.

Aujourd'hui, plus que jamais, il n'est pas faux de dire que l'Europe est au carrefour de son destin et que son avenir dépendra largement des choix que les peuples d'Europe feront au cours des prochaines semaines, notamment en France (élection présidentielle et élections législatives) et au cours des prochains mois en Allemagne (élections législatives) et en février 2018 en Italie.

Parler de la France, de l'Europe et du monde va nous conduire en fait, si vous en êtes d'accord, à inverser l'ordre d'examen des questions.

Il convient en effet de situer la France dans son environnement international puis européen avant d'en venir à la situation spécifique de la France.

Autrement dit, nous allons d'abord nous pencher un instant sur la situation du monde avant d'examiner celle de l'Europe puis celle de la France. Cette approche nous conduira à faire un constat : la nécessité de donner un nouveau souffle.

L'Europe est menacée à terme d'une dislocation véritable si nous ne sommes pas capables de prendre l'exacte mesure de la gravité de la situation dans laquelle nous nous trouvons.

La France, l'Europe, le monde sont aujourd'hui confrontés à un certain nombre de défis majeurs et nous sommes en droit de nous interroger sur la capacité des dirigeants et des acteurs politiques notamment à anticiper les événements et à contrer la venue d'éléments indésirables dans le processus d'évolution vers un avenir meilleur, autrement dit vers un monde plus harmonieux et pacifié, une Europe plus efficace et une France plus ambitieuse et responsable.

* * *

I. Le monde

Un monde incertain, dangereux, inorganisé

Une série de problèmes et de litiges non traités.

Une incapacité à appréhender les problèmes et à trouver les solutions les plus efficaces et les plus adaptées.

Un monde qui se militarise

Les budgets militaires sont en hausse à peu près partout depuis plusieurs années (sauf en Europe, même si récemment, certains semblent prendre conscience de l'urgence pour les Européens de prendre une plus grande part dans l'effort de défense, surtout depuis les propos agressifs du président Trump). Nous reparlerons de ce problème quand nous aborderons les problèmes spécifiques à l'Europe.

Le président Trump a ainsi annoncé une hausse de 54 milliards de dollars du budget de la défense des États-Unis en 2018, le budget passant ainsi de 583 milliards en 2017 à 637 en 2018.

La Russie, de son côté, augmente également considérablement son budget et n'hésite pas à se lancer dans des opérations militaires et à occuper par la force des territoires en Ukraine, ou à en annexer d'autres, comme la Crimée, notamment, ou à s'impliquer dans des conflits, comme en Syrie.

Ce faisant, elle tend à reconquérir une place de grande puissance sur la scène mondiale ayant vécu comme une humiliation l'effondrement de l'empire soviétique et l'entrée au sein de l'OTAN de plusieurs des anciens satellites de l'Union soviétique voire de l'entrée au sein de l'Union européenne de certains de ces mêmes États.

Souvenons-nous à cet égard des propos tenus il y quelques années par Vladimir Poutine[5].

Nous sommes donc aujourd'hui confrontés à une politique agressive de la Russie et nous ne pouvons faire abstraction de cet état de chose.

La Turquie, membre de l'Otan, allié potentiel de l'Occident et des États-Unis entretient un jeu pour le moins inquiétant avec la Russie et se permet de lancer des attaques inadmissibles et intolérables à l'égard de plusieurs pays européens tout en faisant pression sur l'ensemble de l'Union quant aux flux migratoires.

La Suède réintroduit le service militaire en raison de la menace russe. Les pays Baltes s'inquiètent. Des provoc-

---

5. « La chute de l'URSS a été la plus grande catastrophe du XXe siècle. »

tions sont désormais fréquentes (violations des espaces aériens et maritimes).

Les bruits de bottes se font une fois encore entendre.

Les conflits sont légion.

Des Empires qui tentent de se reconstituer pour les uns et de s'étendre pour d'autres.

Des pouvoirs aux accents populistes qui s'installent ici ou là aux quatre coins du monde et qui accèdent au pouvoir, et ceci est important, avec l'onction du suffrage populaire.

Des nationalismes qui se développent. Des nationalismes dont il n'est pas exagéré de les qualifier d'exacerbés.

La peur de l'étranger, de celui ou de celle qui est différent se développe.

Cette peur étant accentuée par certaines politiques incohérentes, voire parfois angéliques.

Une montée en puissance de nouvelles formes de protectionnisme, favorisées aussi parfois, il faut bien le reconnaître et l'admettre, par des mesures et comportements qui ne permettent pas d'assurer la protection de nombre de citoyens qui ont le sentiment d'être lésés et d'être les laissés-pour-compte de la mondialisation.

Ces situations sont aggravées par différents facteurs :

Un défaut d'explication ;

Une pédagogie déficiente ;

Des peurs et des angoisses qui s'additionnent et se confortent mutuellement.

Celles-ci s'expliquent.

Elles sont souvent légitimes même si elles ne sont pas toujours rationnelles et justifiées dans les faits.

De mauvaises réponses sont apportées :

Le repli sur soi ;

Le rejet de l'autre ;

La xénophobie ;

La fermeture des frontières ;

Des crises identitaires qui se propagent ;

Une agressivité toujours plus grande ;

Des conflits toujours plus nombreux, comme il a été dit précédemment.

Des solutions devraient pouvoir être proposées :

Un monde mieux organisé.

À ce propos, je voudrais insister sur un point : le phénomène de la désorganisation du monde – à supposer que le monde ait été organisé un jour – n'est pas un phénomène nouveau.

Dans un livre précédent publié en 2005 *Pour une Europe puissance dans un monde plus ordonné* qui comprenait de nombreuses chroniques consacrées à l'Europe et à la situation internationale publiées au cours des années précédentes, j'avais mis l'accent sur ce monde instable et imprévisible dans lequel nous nous trouvions et sur l'impérieuse nécessité précisément d'en appeler à la construction d'une Europe puissance pour permettre à l'Europe de compter sur la scène du monde.

Les titres de certaines de ces chroniques sont révélateurs du climat qui régnait alors à la fin du vingtième siècle. Ainsi, en juin 1993 : « Repenser le monde », en juillet 1993 : « Redéfinir le rôle de l'ONU », en juillet 2014 : « Pour de vraies nations unies », en mai 2015 : « L'ONU, un objectif à atteindre ».

Dans cet article, en particulier, après avoir rappelé la teneur du préambule de la charte des Nations Unies et dit tout le bien qu'il fallait penser de cette institution nouvelle et des principes affirmés, je faisais le triste constat de l'existence d'un fossé, je parlais même d'abîme entre ces principes et la réalité vécue par un monde toujours victime de ses erreurs et de ses divisions.

Plus de vingt ans plus tard, hélas, les choses n'ont guère progressé. Le monde est toujours aussi instable et sujet à des convulsions redoutables.

Une redéfinition du rôle et des missions de l'ONU s'avère nécessaire.

Une redéfinition surtout des principes qui sont à l'origine de cette institution qu'il faudrait inventer si elle n'existait pas.

Pour autant, il faut la doter de pouvoirs effectifs et plus coercitifs, mais nous savons que ce souhait se heurte au sacro-saint principe de la souveraineté des États et que cela n'est pas sans poser un problème majeur : comment dépasser cet obstacle ?

Le journal *Le Monde*, à la fin de l'année dernière, indiquait à propos de l'ONU et de la Syrie, notamment :

« L'ONU, cinq ans d'impuissance face au chaos syrien », avant d'ajouter : « Le bilan de Ban Ki-Moon est jugé mitigé au moment où il quitte le secrétariat général de l'ONU. »

« L'ONU à l'épreuve de la tragédie syrienne. Les veto répétés de la Russie ont paralysé le Conseil de sécurité et vidé l'institution de sa substance. »

Le même journal poursuivait : « M. Antonio Guterres promet de réformer les Nations Unies. Nouveau secrétaire général de l'ONU, M. Guterres, Portugais, doit faire face à une situation difficile pour l'ONU. »

Le temps passe, mais nous le voyons les choses n'avancent que lentement.

* * *

II. L'Europe

Rappel des origines du projet européen

Le 25 mars prochain, je le rappelais en introduction à ce propos, nous allons fêter le soixantième anniversaire de l'adoption du traité de Rome.

Une fois de plus, nous nous devons de saluer la mémoire de ceux que l'on désigne à juste titre comme les pères fondateurs du projet européen. Il est à cet égard utile de citer des noms comme ceux de Robert Schuman,

Jean Monnet, de Gasperi, parmi beaucoup d'autres qui ont œuvré à l'édification de ce qui fut dans un premier temps un marché commun, puis une union économique européenne avant de devenir l'Union européenne en 1992.

Ces hommes avaient compris au lendemain de la seconde guerre mondiale (faut-il encore parler de seconde guerre mondiale ou doit-on parler de deuxième guerre mondiale compte tenu du nombre de conflits mettant aux prises de très nombreuses nations et du terrorisme international qui se développe sur une large partie de notre planète ?) qu'il était absolument nécessaire de rapprocher les peuples d'Europe qui avaient été meurtris et victimes d'un nationalisme odieux et dévastateur.

Ces hommes étaient des visionnaires, des précurseurs. Ils étaient courageux et ont marqué leur temps par leur lucidité et leur volonté.

Ils ont été relayés ensuite par de grands Européens qui eux aussi partageaient leur vision et ont fait preuve de beaucoup de volonté pour consolider cet édifice européen et rapprocher les peuples européens.

De nombreuses étapes ont été franchies. Des succès indiscutables ont été obtenus sur lesquels je ne reviendrai pas, tant ils sont présents dans nos mémoires.

Ces hommes, ces femmes, ont su dépasser leurs clivages politiques traditionnels, et c'est ce qui a fait leur force et donné du sens à la construction européenne.

Nous avons tous à l'esprit, en particulier, les noms de ces couples Valéry Giscard d'Estaing – Helmut Schmidt, François Mitterrand – Helmut Kolh, sans oublier des personnalités comme Madame Simone Veil ou Monsieur Jacques Delors.

Une zone euro a été créée avec une monnaie unique l'euro.

Le constat

Puis, avec l'effondrement du mur de Berlin et celui du bloc soviétique, c'est l'élargissement qui se fait de manière hâtive et sans avoir au préalable procédé à un nécessaire approfondissement de nos institutions communes et sans avoir opéré des choix fondamentaux pour favoriser l'émergence de cette monnaie unique, à savoir la définition d'une politique monétaire commune et une harmonisation fiscale et sociale afin d'assurer la cohérence de l'ensemble.

Au cours des vingt, vingt-cinq dernières années, la construction européenne s'est poursuivie. Elle a continué à progresser mais la dynamique initiale n'était plus vraiment au rendez-vous et elle a parfois donné l'impression d'avancer à reculons.

Elle a manqué d'audace. Elle a surtout manqué de grands leaders, de grandes voix.

C'est un ancien président du Mouvement européen, ancien député européen, M. Bourlanges, qui disait très justement en 2014, je rapporte ses propos de mémoire, peut-être ne sont-ils pas entièrement conformes à ceux qu'il avait tenus : « L'Europe a à sa tête des hommes qui ne croient pas à L'Europe. »

Je ne suis pas loin de partager cette opinion.

À l'évidence, la troisième génération de l'après-guerre, celle qui a suivi celle des fondateurs et des grands européens, n'a pas été à la hauteur et s'est contentée de gérer la construction européenne sans vision et sans projet.

Le non français, puis hollandais, au traité constitutionnel en 2005 est sans doute la manifestation de défiance à l'égard du projet de construction européenne qui a mis en évidence le peu d'appétence des européens pour la continuation du processus engagé au lendemain de la guerre.

C'est ainsi que les peuples se sont éloignés peu à peu de ce projet, de ce grand dessein qui a marqué la seconde partie du vingtième siècle.

Plusieurs facteurs expliquent, à défaut de justifier, cet état de fait :

En premier lieu, comme il vient d'être dit :

L'absence de leaders ;

L'absence de vision, de projet ;

L'absence de volonté politique ;

Un déficit de pédagogie face à une montée en puissance des démagogues de toutes sortes qui n'ont cessé de distiller les ferments de la discorde et de la division ;

Une absence de prise en compte du sentiment d'insécurité largement répandu chez nombre d'Européens, sentiment aggravé par l'apparition, puis le développement du terrorisme, des flux migratoires mal contrôlés, une mauvaise gestion de la crise des réfugiés, Mme Merkel ne s'étant pas concertée notamment avec les autres membres de l'Union au cours de l'été 2015.

Un projet qui a trop peu fait appel au cours de la période la plus récente, mais le phénomène remonte déjà, il faut le reconnaître, à plusieurs années à l'esprit civique européen, à l'idée d'une citoyenneté européenne et à un esprit de solidarité entre les peuples d'Europe. La disparition de la référence aux symboles de l'Union européenne dans le traité dit simplifié est à cet égard révélateur d'un état d'esprit et le RCE avait en son temps émis une critique sans être bien évidemment entendu.

L'Europe, l'Union est ainsi, au fil du temps, apparue davantage comme un ensemble commercial, un lieu d'échanges, une zone de libre échange, mais pas assez comme une puissance véritable en devenir.

L'Europe, dans l'esprit des peuples, après avoir été saluée comme une immense espérance et perçue comme un ensemble de nations unies dans la diversité a fini par donner l'image d'une Europe lointaine, tatillonne, technocratique

Cette perception a été favorisée et accentuée par nombre de ses dirigeants et reconnaissons-le par des hommes politiques qui une fois encore parlaient d'Europe mais n'étaient pas d'authentiques européens et avaient et ont encore une fâcheuse tendance à rejeter la responsabilité de leurs échecs et insuffisances sur Bruxelles, autrement dit sur la Commission, sur l'Union.

C'est ainsi que peu à peu le nombre des eurosceptiques a progressé à travers plusieurs pays européens alors que dans le même temps les europhobes n'ont cessé de marquer des points et d'œuvrer au détricotage de l'Union.

Les souverainistes haussent le ton et par des slogans évidemment simplistes mais ô combien ravageurs, ils arrivent aujourd'hui même à se hisser aux portes du pouvoir, quand ils n'y sont pas déjà.

En Pologne, le parti ultra conservateur Droit et justice (PIS) dispose d'une majorité absolue au Parlement depuis sa victoire aux élections législatives d'octobre 2015.

Le gouvernement du PIS, en dépit de nombreuses manifestations de l'opposition reste cependant populaire.

En Hongrie, le Jobbik, parti d'extrême droite, tente actuellement certes de se « dédiaboliser » en ne réclamant plus une sortie de l'Union européenne et en se déclarant être ni de droite, ni de gauche. Pour autant, cette force apparaît comme étant l'une des plus radicales d'Europe. Elle constitue la deuxième force politique du pays.

On rappelle qu'il est le fondateur d'une milice « La garde hongroise », qui a semé la terreur dans les ghettos roms.

Orban, lui-même, mène une politique très droitière et très peu pro-européenne.

Les pays du groupe de Visegrad, dans leur ensemble, ne se montrent pas particulièrement coopératifs et attachés vraiment à la construction européenne.

Au sein de plusieurs pays de l'Europe de l'Ouest, des forces politiques mettent en avant des thèses souverainistes avec plus ou moins de succès mais elles progressent chaque jour un peu plus avec en toile de fond la crise migratoire, l'amalgame savamment entretenu fait avec le douloureux problème des réfugiés et nous assistons à des dérives xénophobes.

Le Brexit est en marche – sans aucun jeu de mot – L'article 50 du traité vient d'être activé. M. Farage et quelques autres ont ainsi gagné leur pari lors du référendum britannique de juin dernier.

En Allemagne, aux Pays-bas, notamment, d'autres forces franchement souverainistes s'affirment et troublent le jeu politique non seulement au sein de ces pays, mais aussi au sein de l'Union dans son ensemble car si l'on a pu observer pendant assez longtemps des divergences profondes au sein de l'Union à Vingt-huit, désormais, c'est au cœur même du groupe des pays fondateurs, du premier noyau, en quelque sorte, que l'on trouve des adversaires résolus au projet de construction européenne.

Aujourd'hui même, on vote aux Pays-Bas et un homme d'extrême droite comme Geert Wilders qui fédère, dit-on, les frustrations des Néerlandais, est en passe d'enregistrer de nouveaux progrès.

Nous assistons dans le même temps à des tentatives de balkanisation de l'Europe.

Ainsi, le Brexit relance les velléités d'indépendance de l'Écosse.

La Belgique est périodiquement et de façon récurrente traversée elle aussi par des velléités de scissions entre Wallons et Flamands. La Catalogne en Espagne, le Pays Basque, l'Italie du Nord sont également traversés par des tendances du même ordre.

Le détricotage est à l'œuvre et l'idée d'un retour au concept de l'Europe des nations se développe avec pour perspective la réhabilitation du nationalisme dans un temps où les risques de guerre s'accentuent.

Souvenons-nous à cet égard de la phrase célèbre de François Mitterrand, souvent reprise : « Le nationalisme, c'est la guerre. »

* * *

III. La France

Au sein de l'Europe, la France, l'un des six pays fondateurs, n'est hélas pas à l'abri de ce mouvement de défiance.

L'euroscepticisme et plus encore l'europhobie atteignent dans notre pays des proportions inquiétantes.

Depuis le référendum de 2005, la suspicion à l'égard du projet européen n'a pas cessé de progresser au point que certains évoquent désormais la possibilité d'un frexit.

Force est de constater que notre pays a cessé d'être à l'avant-garde du projet européen depuis plusieurs années.

Le thème de l'Europe n'occupe pas une place de choix dans les programmes des différents partis et candidats.

Le thème n'étant plus à la mode, les institutions étant souvent montrées du doigt par ceux qui devraient les défendre, beaucoup se montrent particulièrement discrets et timides.

Dans la discussion qui va suivre et qui devrait s'articuler autour des propositions des candidats à l'élection présidentielle et des moyens susceptibles de contrer l'évolution négative qui vient d'être décrite nous allons devoir faire un autre constat : les candidats qui se montrent franchement favorable à l'Union européenne ne sont pas légion et pour la première fois peut-être pour ce type d'élection les détracteurs de l'Europe et partisans du souverainisme seront majoritaires.

Ainsi, on observe, et ce n'est pas un euphémisme, une franche hostilité de Marine le Pen qui ne cesse de vilipender en toute circonstance l'Union et prône en fait ni plus ni moins la sortie de la France non seulement de la zone euro mais de l'Union européenne elle-même.

Ses arguments hélas sont percutants car ils relèvent de la démagogie pure et il est difficile pour les pédagogues de faire entendre raison à des électeurs victimes d'un discours populiste et désormais attrape-tout.

Le discours de Jean-Louis Mélenchon, même si ce dernier s'en défend, est à peine moins favorable à l'Europe que celui de Marine Le Pen, puisqu'il n'hésite pas à prôner la sortie de l'Union si on ne peut changer les traités dans le sens de ce qu'il préconise.

Les discours souverainistes sont confortés par un candidat comme Dupont-Aignan.

Idem, s'agissant de ceux de M. F. Asselineau, candidat anti-Europe, anti-euro et anti-Otan à l'instar du candidat Cheminade.

Le terreau est favorable à ce type de discours et de fait les projets des candidats Fillon et Hamon semblent timides et insuffisants au regard de ceux qu'il faudrait tenir pour redonner aujourd'hui du sens et du tonus au projet européen.

S'agissant du discours d'Emmanuel Macron, il est à l'évidence celui qui est le plus favorable à l'Union européenne. En cela, il est proche du discours développé par les centristes, démocrates sociaux et chrétiens et par des socialistes comme François Mitterrand ou Jacques Delors. Pour autant, là encore on est en droit d'attendre plus de souffle et l'esquisse d'un projet audacieux pour relancer la dynamique européenne et surtout pour rapprocher les citoyens de l'Europe.

Dans la perspective d'un éventuel duel entre Emmanuel Macron et Marine Le Pen, eu égard à ce qui vient d'être dit, à la tonalité ambiante du discours, à la nature du débat, au rejet de la classe politique, les risques sont importants, même s'ils ne sont pas certains, de voir se réaliser une conjonction des arguments de tous les souverainistes.

S'agissant de la France, toujours, il y a lieu de prendre conscience de la nécessité de faire évoluer nos institutions, car il est désormais urgent de comprendre qu'il faut sortir du camp contre camp, du clan contre clan et de développer un pluralisme effectif afin de dégager des majorités d'idées, des majorités de projet et de contourner les obstacles qui se dressent sur le chemin de ceux qui veulent défendre un projet européen plus affirmé et plus ambitieux.

À l'évidence, il faut dépasser le clivage entre la droite et la gauche, s'agissant de la politique européenne de notre pays et fédérer les pro-européens de tous bords qu'ils aient une vision plus ou moins libérale ou plus ou moins sociale du projet, sachant que nos adversaires nous désigneront de mondialistes en espérant que ce terme aura une connotation péjorative dans l'esprit des citoyens.

Il faut leur opposer notre volonté, notre détermination à faire vivre une Europe puissance, c'est-à-dire une Europe dotée des instruments de la souveraineté, tout le contraire d'une Europe qui ne serait qu'un espace et qui serait une structure invertébrée.

S'agissant de l'avenir de l'Europe, cela fait des années que nous prônons une Europe des trois cercles, voire une Europe à plusieurs vitesses comme viennent de l'envisager encore timidement les dirigeants de la France, de l'Allemagne, de l'Italie et de l'Espagne.

En tout état de cause, il convient d'établir une véritable différence entre l'eurogroupe qui doit aller beaucoup plus loin en matière d'intégration, harmonisation fiscale et sociale programmée selon un calendrier précis comme le proposait l'ancien président de la république Valéry Giscard d'Estaing dans son dernier livre *Europa, la dernière chance de l'Europe* publié quelques mois après la sortie de mon livre *Pour une Europe souveraine*.

Désormais, le temps presse.

Est-il encore possible de sauver l'Europe ?

Nous le croyons, mais il faut faire preuve d'imagination et transmettre le flambeau de notre idéal qui est aussi celui de nos pères aux générations qui montent et vont accéder aux responsabilités.

Une certitude doit être rappelée : Il n'y aura pas d'Europe sans la France.

19

COMMUNIQUÉ DU RCE

13 mai 2017

Le 7 mai 2017, Emmanuel Macron est élu président de la République. Le RCE salue cette victoire comme une note d'espoir dans un environnement de plus en plus eurosceptique.

Le Rassemblement Civique pour l'Europe salue la victoire du plus fervent des partisans de la construction européenne parmi les candidats à l'élection présidentielle des 23 avril et 7 mai 2017 en la personne de Monsieur Emmanuel Macron.

Le RCE qui depuis sa création milite en faveur d'un projet européen ambitieux et audacieux ne peut que se féliciter du succès d'un candidat qui n'a mis, ni au sens propre, ni au sens figuré, son drapeau dans sa poche en mettant en valeur les symboles de l'Union (devise, drapeau et hymne européen).

Le RCE salue également les premiers gestes du nouveau président de la République en matière de politique européenne et formule l'espoir que des initiatives fortes seront prises avec nos partenaires européens afin de réconcilier les peuples d'Europe avec l'idée même d'Europe.

Celle-ci doit être souveraine, car c'est désormais à ce niveau que la souveraineté a un sens, et prendre en considération et de la façon la plus démocratique qui soit les aspirations de nos peuples.

À défaut, les populismes, aujourd'hui contenus, reprendront l'initiative et menaceront à terme sérieusement le devenir de notre projet européen.

L'échéance de l'élection européenne (2019) est proche. Il n'y a pas de temps à perdre !

20

EUROPE : BILANS ET PERSPECTIVES
14 décembre 2017

Quelques mois après l'élection du président de la République Emmanuel Macron, Gérard-David Desrameaux dresse un premier bilan et les perspectives d'avenir pour l'Europe. Il le fait dans le cadre d'une réunion-débat organisée par le RCE le 14 décembre 2017.

C'est cette intervention qui est ici reproduite.

Quelques mois après l'élection présidentielle du printemps dernier, il n'est pas inutile de dresser un premier bilan de la politique européenne de la France et, au-delà de cette politique, de l'évolution du projet européen à l'intérieur des États de l'Union européenne.

Au mois d'avril 2017, nous nous étions interrogés sur l'état de la France, de l'Europe et du monde. Nous avions alors dressé un constat assez sévère, mais je crois sincère, de la situation politique française, européenne et mondiale.

I. Le bilan, le constat

Aujourd'hui, le constat n'est guère plus réjouissant même si quelques lueurs d'espoir cependant transpercent des zones d'ombre.

Le comportement des Français à l'égard de la construction européenne a beaucoup évolué par rapport aux années cinquante, par rapport au temps de la création du marché commun, de la CECA et d'EURATOM.

L'enthousiasme de l'origine, même si celui-ci était parfois nuancé dans certains secteurs de l'opinion, a peu à peu cédé le pas à une certaine forme de désappointement et de prise de distance.

Et, force est de constater qu'à côté de nous, Européens de cœur et de raison, Européens convaincus, nous avons vu monter dans le pays mais aussi sur d'autres terres d'Europe des forces eurosceptiques, voire franchement europhobes, comme nous le verrons un peu plus tard.

Au-delà de ce constat général, quelques constats particuliers doivent être faits.

En premier lieu, la dernière élection présidentielle a fait apparaître sur la scène électorale nationale plus de candidats hostiles à l'Europe ou indifférents à celle-ci que de candidats défenseurs du projet européen ou, pour être plus précis, de candidats souverainistes que de candidats partisans d'une entité européenne plus soudée, plus unie, à défaut d'une Europe d'essence fédérale.

Les candidats souverainistes, certes à des degrés divers, étaient en effet plus nombreux que jamais : Marine Le Pen, Jean-Luc Mélenchon, Niclolas Dupont-Aignan, François Asselineau, Jacques Cheminade.

Il faut retenir que ces candidats représentaient au premier tour de la présidentielle plus de 45% des suffrages et que le verdict des urnes, si un certain débat n'avait pas montré les limites de la candidate du Front national, aurait pu conduire à la victoire des souverainistes dans notre pays.

Marine Le Pen, n'a pas cessé de vilipender l'Europe tout au long de la campagne électorale. En vérité, elle prônait ni plus, ni moins la sortie de la France, non seulement de la zone euro mais de l'Union européenne elle-même, jusqu'à son virage à la suite de son accord passé avec M. Dupont-Aignan. Cet accord a en effet déstabilisé la candidate du Front national, son discours manquant de clarté et les failles de la candidate apparaissant au grand jour lors du débat de l'entre deux tours.

Nous pouvons observer depuis l'élection présidentielle une modification du positionnement du Front national à l'égard de l'Europe.

En effet, d'une part, il n'est plus question d'une sortie rapide de la zone euro (depuis le ralliement entre les deux tours de la présidentielle de M. Dupont-Aignan et le départ de M. Florian Philippot qui vient de créer « les Patriotes »).

D'autre part, Le Front national a renoncé depuis, au cours de la première semaine d'octobre, au concept qu'il avait lui-même développé de « Frexit » par référence au Brexit.

Dans le même sens, M. Nicolas Bay, secrétaire général du Front national, sur BFM-TV, le 25 novembre 2017 insiste sur la notion d'Europe des nations, d'Europe des coopérations et rejette l'Union européenne qui ne fonctionne pas.

Cet infléchissement risque à terme de complexifier les choses, et nous y reviendrons plus tard, car les positions des uns et des autres vont être moins claires, tout le monde ou presque risquant de se déclarer Européen tout en disant qu'il faut changer d'Europe.

Ce point est à retenir car il peut conduire à ce que le débat qui interviendra dans le cadre de la campagne des européennes de 2019 soit faussé.

Le discours de Jean-Luc Mélenchon, même si ce dernier s'en défend, est à peine moins favorable à l'Europe que celui de Marine Le Pen, puisqu'il n'hésite pas à prôner, et continue de le faire, la sortie de l'Union si on ne peut changer les traités dans le sens de ce qu'il préconise.

À l'évidence, il entend désormais prendre des positions de plus en plus souverainistes dans la perspective des élections européennes de 2019. Il vient de mener une campagne violente contre le drapeau européen, relayé par les députés de la France insoumise.

Ce faisant, Jean-Luc Mélenchon s'aligne sur la position de Marine Le Pen qui, invitée de France 2 dans le cadre de la campagne présidentielle au printemps 2017, avait refusé de s'exprimer sur un plateau de télévision où figurait le drapeau européen.

Je rappelle que le Rassemblement Civique pour l'Europe (RCE) avait lors du traité de Lisbonne dénoncé le retrait de la référence aux symboles de l'Union dans ledit traité.

Cette attitude est consternante.

Elle marque un recul du sentiment d'appartenance à l'Europe.

Pour en finir avec l'élection présidentielle, il faut ajouter que le terreau était favorable à ce type de discours et que, de fait, les projets des candidats Fillon et Hamon semblaient timides et insuffisants au regard de ceux qu'il fallait défendre pour redonner du sens et du tonus au projet européen.

S'agissant du discours d'Emmanuel Macron, il était à l'évidence le plus favorable à l'Union européenne. En cela, il était assez proche du discours développé par les centristes, démocrates sociaux et chrétiens et par des socialistes comme François Mitterrand ou Jacques Delors.

Depuis, le président de la République a pu affiner son projet, notamment à l'occasion d'un discours prononcé à Athènes au cœur de l'été puis à l'automne à la Sorbonne.

Nous y reviendrons dans la deuxième partie de cette intervention quand nous examinerons les perspectives.

Le constat, le bilan, si l'on préfère, au regard de la construction européenne nous conduit à mettre l'accent sur deux points essentiels, deux points déjà mis en valeur lors d'interventions précédentes.

Ils sont suffisamment lourds de conséquences à terme pour que nous y consacrions quelques développements supplémentaires.

Le premier point concerne la montée également de l'euroscepticisme, voire, plus grave encore, de l'europhobie dans les autres pays d'Europe, à l'instar de ce que nous observons en France.

Le deuxième point concerne ce que j'ai tendance à qualifier de balkanisation de l'Europe avec la montée en puissance de mouvements autonomistes, voire indépendantistes.

I. L'euroscepticisme et l'europhobie à l'intérieur des différents États européens.

J'ai eu l'occasion déjà, en mars dernier, de mettre l'accent sur cette montée en puissance des partis eurosceptiques, voire franchement europhobes au cœur de l'Europe.

J'avais évoqué la situation de la Pologne avec le parti ultra conservateur Droit et justice (PIS) qui dispose d'une majorité absolue au Parlement, la situation de la Hongrie avec, notamment, le rôle de ce parti radicalisé d'extrême droite, le Jobbik et le jeu dangereux de M. Orban.

J'avais évoqué également la situation à l'intérieur du groupe de Visegrad et des évolutions inquiétantes tant en République tchèque qu'en Autriche.

J'avais évidemment évoqué aussi la situation qui prédomine au cœur même de l'Europe de l'Ouest, au cœur de ce groupe de pays qui se trouvent être à l'origine de la construction du projet européen.

Depuis, les choses ont continué de progresser globalement dans le même sens. Disons-le, dans un mauvais sens, même si quelques lueurs d'espoir pourront être signalées quand nous parlerons des perspectives.

En Allemagne, à la suite des élections d'octobre 2017, un parti d'extrême droite, l'AFD (Alternative pour l'Allemagne) compte désormais 92 parlementaires qui ont fait une entrée remarquée, sinon fracassante, au sein du Bundestag.

Deux mois après les élections, l'Allemagne souvent montrée en exemple pour sa stabilité gouvernementale au cours des dernières années, voire des dernières décennies, n'a toujours pas réussi à se mettre d'accord sur un programme politique faute d'accord entre les différents partis politiques siégeant au Bundestag.

Or, sans la constitution d'une coalition efficace et crédible, il sera difficile de relancer un processus de refondation du projet européen.

Il s'agit-là, au minimum, d'un contretemps.

En République tchèque, un parti populiste conduit par M. Andrej Babis, l'ANO (Action des citoyens mécontents) accède au pouvoir.

Il dénonce le système politique « inefficace », les partis corrompus, le Parlement qu'il qualifie de « Chambre de bavardage », l'immigration.

Un autre parti, le parti conservateur eurosceptique de l'ODS doit être également signalé.

Un autre parti tchèque, europhobe et xénophobe, conduit par M. Tomio Okumara, un entrepreneur japonais, doit encore être cité.

Aux Pays-Bas, un nouveau parti d'extrême droite concurrence désormais le parti de M. Geert Wilders, Parti pour la liberté. Il s'agit d'une droite alternative menée par M. Thierry Baudet qui veut défendre l'identité néerlandaise. Le parti de M. Thierry Baudet, juriste de 34 ans, s'appelle « le Forum pour la démocratie ».

On observera au passage que tous ces partis qui peuvent être qualifiés d'identitaires ont recours à des qualificatifs de démocratie, de liberté, ce qui apporte un peu plus de confusion dans le débat public quand il convient de les situer sur l'échiquier politique.

Ce parti met en avant les points suivants :

La défense de l'identité néerlandaise.

La critique de l'élite politique incarnée notamment par l'Europe.

L'extension des consultations populaires, alors que le nouveau gouvernement du Premier ministre Mark Rutte

(3ᵉ gouvernement issu des dernières élections législatives) entend limiter le recours à ces référendums.

En revanche, il ne reprend pas les thèmes de Wilders sur l'Islam.

En 2005, toutefois, il estimait que l'Islam constituait un danger.

Il milite pour la « virilité » plutôt que le « consensus », une valeur féminine selon lui !

Cependant, au-delà même de ce constat et des inquiétudes qu'il peut faire naître chez nous, partisans d'une Europe forte, il faut essayer de comprendre, ce qui ne veut pas dire justifier, ce phénomène.

Nous assistons vraiment à une montée en puissance de l'exacerbation du sentiment nationaliste, non seulement en Europe, mais aussi à travers l'ensemble du monde.

Nous sommes en effet confrontés chaque jour à des replis identitaires plus forts engendrés sans doute par des peurs multiples et variées face aux conséquences d'une mondialisation pas toujours envisagées ni même espérées ou souhaitées.

L'Europe elle-même, en tant qu'entité indépendante, en tant qu'institution, semble prendre conscience qu'il lui faut davantage faire face aux prétentions notamment commerciales, économiques et financières souvent agressives de certaines puissances, dont la Chine, notamment, et de multinationales toujours plus conquérantes.

La concurrence est rude et les armes employées sont parfois redoutables (délocalisations, transferts de technologies, concurrences effrénées et rarement loyales, coût du travail jugé toujours trop élevé, travailleurs détachés, surenchères diverses et variées, flux migratoires mal contrôlés).

Au demeurant, comment préserver pour des puissances majeures, hier dominantes et maîtresses de leur destin, une place éminente sur la scène du monde ?

Aussi, les alliances, absorptions, regroupements, fusions entre entreprises ne cessent de se développer afin de continuer à exister dans un monde où la place de l'homme, de l'individu n'est pas assez prise en considération, et il s'agit-là d'un euphémisme !

Quid de la survie d'entreprises susceptibles de passer sous pavillon étranger ?

Quid de ces délocalisations qui répondent à des exigences commerciales et comptables de certains chefs d'entreprises et font le malheur de salariés privés de leur emploi et atteints dans leur dignité et leurs conditions de vie ?

II. Une Europe qui se balkanise

Parallèlement aux phénomènes que nous venons de rappeler, le Brexit se met difficilement en mouvement. Les discussions entre Londres et Bruxelles sont complexes et bien des obstacles demeurent même si des avancées ont été réalisées notamment quant au coût de la séparation et du problème lié entre l'Irlande et l'Irlande du Nord.

Nous assistons comme des spectateurs blasés à une lente érosion de nos États nations.

L'Espagne se délite. Le Parlement catalan proclame l'indépendance et la création de la République. Il en résulte une mise sous tutelle de la Catalogne par le Sénat qui vote à une majorité écrasante en faveur de la mise en œuvre de l'article 155 de la Constitution espagnole.

Attention, la Boîte de Pandore est ouverte aux conséquences énormes pour l'avenir de la construction européenne.

L'Europe doit faire face à des forces centrifuges. Peu à peu, se dessinent des tendances fortes qui prônent ici le repli identitaire, le repli sur soi et là sur des velléités d'autonomie, voire d'indépendance.

Ici, la Catalogne, là l'Écosse, la Flandre, la Lombardie, la Vénétie, demain peut-être la Corse. Sans doute les situations ne sont pas toutes comparables et les demandes d'émancipation du même ordre. Ainsi, la situation Corse ne peut être assimilée à celle de la Catalogne. Pour autant, globalement, toutes procèdent d'une même démarche : retrouver plus d'autonomie.

Il fallait unir. Il fallait rassembler. Désormais, chaque État est traversé par des fluides, des courants qui poussent à la sécession, au séparatisme.

Les cas de figure sont très divers comme il vient d'être dit. Les particularismes locaux varient en fonction de l'histoire, de la géographie et des circonstances. Mais, c'est bien à une fuite en avant que nous assistons, une fuite en avant vers une sorte de « détricotage » du projet européen et peut être même de la notion du vivre ensemble.

À cet égard, deux exemples récents peuvent être évoqués, même s'ils ne sont pas tout à fait de même nature :

Ainsi, à Barcelone, en 2016-2017 on a assisté à une dénonciation de la venue massive de touristes avec menaces et actions contre des touristes.

Dans le même sens, et dans le même temps, à Bordeaux, sont apparus des slogans du type : « Dehors les Parisiens ».

Ces campagnes montrent la montée en puissance d'un mouvement général de rejet de l'autre.

Il est temps de dire attention, car nous devons faire face à des dérives inquiétantes qui se développent à la vitesse grand V.

Quid, à terme de l'unité de l'Europe dans la diversité de ses peuples ?

Attention aux velléités d'autonomie, voire d'indépendance de régions et provinces !

Encore une fois, attention à une forme de balkanisation générale de l'Europe !

Une idée simple doit être retenue :

Plus une région ou une province dispose d'une grande autonomie, plus elle revendique et aspire à une véritable indépendance.

Le débat entre Girondins et Jacobins semble bien promis à un bel avenir.

Le communautarisme prôné par certains pourrait à terme amplifier le phénomène et constituer une menace majeure pour l'équilibre de l'ensemble européen !

Au-delà de ces deux points essentiels que nous venons de rappeler, il convient d'évoquer un certain nombre de faits et de problèmes permettant de mieux appréhender l'état de l'Union européenne en cette fin d'année 2017.

Afin de ne pas lasser l'auditoire et de ne pas monopoliser la parole, je me contenterai de les citer, étant précisé qu'il ne s'agit pas de livrer ici une liste exhaustive mais de mettre en évidence quelques uns des problèmes qui se posent à l'Europe :

La poursuite des négociations sur le Brexit.

Le délicat problème du traité relatif aux travailleurs détachés, même si un compromis semble avoir été trouvé au mois d'octobre dernier.

L'établissement de ce compromis montre une fois de plus combien il est difficile dans le cadre institutionnel actuel de l'Union de progresser : durée avant son entrée en vigueur prévue seulement en 2022, exceptions prévues dans certains secteurs, transports routiers notamment, etc.

Les inquiétudes de certains États sur l'application du traité de libre échange entre l'Union européenne et le Canada (CETA) demeurent.

M. Hulot et de nombreuses ONG font valoir que le traité n'est pas compatible avec l'accord de Paris sur le climat.

L'absence d'une politique migratoire commune et du traitement des flux de réfugiés.

L'absence d'une Europe de l'énergie alors même qu'à l'origine du projet européen, dans les années cinquante, les pères fondateurs de l'Europe avaient notamment mis l'accent sur cet aspect fondamental de la construction européenne en donnant le jour à la CECA et à l'EURATOM.

La position de l'Union européenne à l'égard des glyphosates montre combien il est difficile d'accélérer certains processus et de faire évoluer des situations y compris quand le principe de sécurité devrait primer sur toute autre considération.

Trois ans, cinq ans, dix ans ?

Trois ans (position du président français) ;

Dix ans, position de l'Union au départ.

Cinq ans position de compromis ?

L'Europe a une position trop ambiguë concernant les discussions relatives à l'adhésion de la Turquie.

Eu égard à l'évolution des choses au sein même de l'Union, aux tensions extrêmes, à la montée en puissance des populismes, il est tout simplement irréaliste et dangereux d'entretenir le moindre doute quant à l'entrée éventuelle même dans une perspective éloignée de la Turquie en Europe.

Les hésitations et les contorsions ne servent pas la cause des Européens convaincus.

J'ajoute que les dernières déclarations du président Erdogan à l'égard d'Israël devraient conduire les Européens à ne plus tergiverser au regard des valeurs mêmes de l'Europe.

Je terminerai ce bilan par quelques données de nature économique :

La BCE réduit progressivement ses soutiens à l'économie.

Elle devrait en effet baisser ses rachats de dettes publiques et privées.

La croissance devrait dépasser 2% en 2017 dans la zone euro, ce qui est selon les experts un facteur jugé positif.

Dans le même temps, le Brexit semble nuire à l'économie britannique.

La livre sterling aurait perdu 15% environ sur une année.

Pour la première fois, en dix ans, la Banque d'Angleterre a relevé ses taux d'intérêt.

L'euro a de son côté progressé de plus de dix pour cent par rapport au dollar.

Le chômage atteint en Allemagne le taux le plus bas enregistré depuis la réunification : (soit 5,4% de la population active et 2,39 millions en octobre 2017).

Paris a été choisi pour devenir le siège de l'Autorité bancaire européenne qui se situait à Londres avant le Brexit. Dans le même temps, des délocalisations de la City vers Paris ont commencé.

Il semblerait que des centaines de personnes auraient déjà quitté la City pour la France et 4000 seraient sur le point de partir.

II. Les perspectives

Le tableau du bilan, au demeurant assez sombre qui vient d'être dressé, s'éclaircit quand nous nous penchons sur les perspectives d'avenir.

Sans donner l'impression de les examiner à travers le prisme déformant de la vision française, force est de constater que l'impulsion nouvelle donnée au projet européen est la conséquence directe de l'élection de l'actuel président de la République, M. Emmanuel Macron.

À l'évidence, tant en France qu'à Bruxelles, les Européens convaincus ont été rassurés par l'élection d'Emmanuel Macron tant les inquiétudes étaient grandes de voir la victoire d'un ou d'une candidate souverainiste.

Les premiers pas du nouveau président de la République, le soir de son élection, ne pouvaient que satisfaire les partisans de la construction européenne. Le symbole d'une marche au son de l'Hymne à la joie, de l'Hymne européen était puissant et porteur d'espoir.

Depuis, le chef de l'État a eu l'occasion, à deux reprises notamment, à Athènes dans le courant de l'été, puis à la Sorbonne dans le courant de l'automne de développer son projet européen.

En tant qu'auteur d'un ouvrage intitulé : *Pour une Europe souveraine, Écrits et plaidoyers*, ouvrage publié en 2014 à la veille des élections européennes, je n'ai pu que me réjouir d'entendre le président de la République reprendre à son compte le thème de l'Europe souveraine. L'expression revenant environ une dizaine de fois dans son discours prononcé à la Sorbonne.

Ce discours est très riche et va bien au-delà des vagues propositions développées par la plupart des hommes ou des femmes politiques actuels.

Il se fait notamment l'apôtre de la « refondation d'une Europe souveraine unie et démocratique. » avant d'ajouter :

« L'Europe seule peut, en un mot, assurer une souveraineté réelle, c'est-à-dire notre capacité à exister dans le monde actuel pour y défendre nos valeurs et nos intérêts. Il y a une souveraineté européenne à construire, et il y a la nécessité de la construire. »

Pour le chef de l'État, il faut refonder l'Europe, et cette refondation passe par six clés de la souveraineté :

1 – La sécurité.
Il faut jeter les bases d'une Europe de la défense.

2 – Maîtriser nos frontières en préservant nos valeurs.

Cela suppose la construction d'un espace commun des frontières, de l'asile et de l'immigration.

3 – Politique étrangère.

Cette politique implique un partenariat avec l'Afrique et une politique de développement.

4 – La transition écologique.

Transformer nos transports, nos logements, nos industries. Cela implique d'avoir un marché européen de l'énergie. Une nouvelle politique agricole européenne qui ne doit être ni bureaucratique, ni injuste.

Cette politique doit servir la transition agricole face aux grands défis de la mondialisation.

5 – La cinquième clé passe par le numérique.
Cela implique une taxation du numérique.

6 – La puissance économique, industrielle et commerciale.

L'idée étant d'aller vers une Europe intégrée à partir de l'Union économique et monétaire.

Cela passe par des convergences et des coordinations de nos politiques économiques ainsi que l'existence d'un budget commun.

Un ministre commun du budget et un contrôle parlementaire exigeant au niveau européen. [La question du contrôle est essentielle car l'idée risquerait d'être durement combattue si l'on avait le sentiment de confier à un homme seul ou presque le soin de décider de la politique économique de l'Union. Celle-ci ne peut être déconnectée des aspirations réelles des citoyens.]

Une autre idée forte qui correspond à celle que nous avons nous-mêmes toujours défendue ici est rappelée :

« Seule la zone euro avec une monnaie forte et internationale peut offrir à l'Europe le cadre d'une puissance économique mondiale. »

L'Europe des vingt-huit ne peut fonctionner comme l'Europe des six.

Une autre idée développée à juste titre est qu'il faut en finir avec la recherche permanente du plus grand dénominateur commun.

À tout cela, il faut ajouter le combat mené par le président français aux fins de réviser la directive de 1996 sur les travailleurs détachés afin de combattre notamment le dumping social.

Force est de constater qu'un compromis a été obtenu sur le problème des travailleurs détachés le 23 octobre dernier. Cet accord, ce compromis, est une étape vers une meilleure lutte contre le dumping social.

Il s'agit d'un pas timide. Sera-t-il suffisant pour éviter de nouvelles avancées des eurosceptiques et des europhobes ?

La réforme, même limitée, consacre cependant le principe d'un « salaire égal, à travail égal, sur un même lieu de travail ».

Une réserve, la durée de la mise en œuvre de la nouvelle réglementation et les exceptions retenues relatives notamment aux transports routiers.

Dans un autre domaine, celui de l'interdiction notamment des glyphosastes, des avancées ont été obtenues. Le président souhaitait trois ans, l'hypothèse de départ était une interdiction au bout de dix ans. Un compromis aurait été trouvé sur le délai de cinq ans.

Au-delà de la position des différents protagonistes, la vraie question est celle de savoir si l'intention d'interdire est vraiment réelle et si les délais permettent de substituer aux produits interdits des produits de substitution efficaces et sans danger pour la santé et pour la nature.

Autres propositions du chef de l'État qui vont dans le sens de ce que nous réclamons depuis des années, à savoir aller vers une vraie convergence des taux de fiscalité et principalement des taux d'impôt des sociétés et aller vers une harmonisation sociale.

Il est de fait que la divergence des taux d'impôt sur les sociétés fragilise toute l'Europe.

Pour refonder l'Europe, le président propose de passer par des conventions démocratiques écartant l'hypothèse d'un référendum impliquant un choix binaire avec une réponse par oui ou par non.

En vérité, le grand rendez-vous est celui des élections européennes du mois de juin 2019. Et la période 2019-2024, celle de la transformation de l'Europe.

Une révision des institutions européennes est envisagée, avec une limitation à 15 du nombre des commissaires.

J'émettrai pour ma part deux réserves à ce stade : l'abandon par les principaux pays des fonctions de commissaires et d'autre part l'idée d'élargir encore l'union européenne aux pays des Balkans et je m'étonne du silence concernant le cas turc.

Ainsi, des propositions concrètes ont été formulées par le président de la République.

La question se pose alors de savoir comment celles-ci ont été accueillies par nos partenaires et sur les chances de les faire aboutir ?

Nous allons dans la discussion qui va suivre essayer de répondre à cette question.

Je vais, avant de conclure cette brève et cependant néanmoins trop longue introduction, faire quelques observations supplémentaires :

Le projet de refondation est globalement bien accueilli par nos principaux partenaires.

Pour autant plusieurs facteurs ne sont pas de nature à en faciliter la réalisation rapide.

En premier lieu, le mécanisme européen est complexe.

Lenteurs, recherches de compromis, remises en cause, avancées et reculs alternent.

La plupart des partenaires européens semblent moins enclins que nous à vouloir « refonder l'Europe ».

L'Italie vit dans la perspective d'élections législatives difficiles (février 2018).

L'Espagne est confrontée à une grave crise avec le problème de la Catalogne.

L'Allemagne connaît de sérieuses difficultés quant à la constitution d'une coalition gouvernementale en raison de forts antagonismes entre les différents partis susceptibles d'y participer et avec l'entrée au sein du Bundestag de près d'une centaine de parlementaires d'extrême droite.

Plusieurs pays de l'Europe de l'Est posent de graves problèmes au regard du respect des libertés publiques et disons-le tout simplement au regard de l'État de droit. Ainsi en est-il plus précisément des pays appartenant au groupe dit de Visegrad.

Sur le thème de l'Europe à plusieurs vitesses et notamment sur l'idée défendue, me semble-t-il à juste titre par le chef de d'État d'une Europe intégrée (zone euro) et de l'Union européenne (Marché), M. Tusk, président du Conseil a indiqué dès le 19 octobre 2017 : « Tant que je serai en poste, je serai le gardien de l'unité », prenant ainsi partie pour ceux qui, notamment à l'Est craignent une Europe à deux vitesses.

Dans le même sens, M. Juncker, président de la Commission, dans son discours sur l'état de l'Union prononcé le 13 septembre 2017 rejette l'idée d'une Europe à plusieurs vitesses.

Il se déclare partisan de mesures uniformes prises par tous les membres de l'Union.

En soi l'idée est louable. Il ne faudrait pas tout simplement qu'elle soit synonyme d'inertie et de paralysie.

« La refondation de l'Europe est urgente » a encore réaffirmé le chef de l'État le 10 novembre 2017 devant le président de la République d'Allemagne à l'Élysée. C'est indiscutablement à ce prix que l'on pourra échapper à la dérive populiste et au retour en force des nationalismes exacerbés sur ce continent qui a déjà beaucoup souffert de ces maux aux XIXe et XXe siècles.

Et, je voudrais conclure cette introduction au débat, à la discussion qui va suivre, par cette question qui me paraît fondamentale :

Quid de l'avenir de l'État-nation, car s'il faut se prémunir du nationalisme exacerbé comme je le qualifie, que faut-il penser de l'émergence d'une Europe des régions, d'une Europe faite de micro États, d'une Europe balkanisée ?

N'y a-t-il pas là un risque majeur pour l'avenir de la construction européenne, l'avenir du projet européen, en d'autres termes pour notre avenir ?

21

LES EUROPÉENS FACE
À LEUR RESPONSABILITÉ

10 juin 2018

Plus d'un an après l'élection du président de la République française en 2017, l'espoir né d'un rebond de la construction européenne est retombé.

Une fois de plus, il est ici fait appel au sens des responsabilités des Européens s'ils veulent que l'Europe ne se réduise pas à un marché, à un espace mais s'affirme comme une puissance dotée de la souveraineté.

La dynamique européenne créée à l'occasion de la dernière élection présidentielle française et incarnée par Emmanuel Macron est largement entamée.

Les espoirs nés à ce moment-là sont désormais moins grands car les poussées populistes dans l'ensemble de l'Europe sont lourdes de sens et constituent des avertissements sévères pour les peuples de l'Union.

Les élections européennes approchent. Le temps presse.

On ne pourra endiguer la marche inexorable de l'extrême droite et du populisme fondée sur le « dégagisme » et le rejet des partis classiques ou tout simplement sur le rejet des partis ayant participé récemment au pouvoir si les forces politiques, les femmes et les hommes politiques sont incapables d'appréhender demain, en faisant abstraction des légitimes inquiétudes des peuples d'Europe.

Le rejet actuel des pouvoirs en place s'explique en grande partie par l'impression ressentie par les peuples de l'Union que celle-ci, à l'instar des gouvernants de chaque État en faisant partie, n'est pas en mesure de leur proposer un projet ayant du sens et de définir des priorités de nature à les rassurer sur leur avenir et sur leur sécurité.

L'Europe a besoin de plus de souffle. Nous le disons depuis des années, voire des décennies, et nous n'avons ici, dans ces colonnes, jamais cessé d'affirmer que nous devions oeuvrer pour l'émergence d'une Europe puissance, d'une Europe souveraine capable de mieux appréhender les aspirations des citoyens d'Europe et plus particulièrement de ceux qui ont vocation à faire partie de cet ensemble plus intégré, soit au niveau des pays fondateurs, soit au niveau de la zone euro, sans pour autant exclure tout État qui souhaiterait en faire partie.

Il est urgent de mettre les Européens en face de leur responsabilité au regard de l'Histoire.

Pour aller de l'avant et afin de combattre l'esprit de défaitisme qui tend à inonder le ciel européen, il faut en appeler à un nouvel élan et inviter ceux qui sont prêts à dépasser la seule vision économique et commerciale du projet européen, à se mettre en marche sans mauvais jeu de mots.

Il s'agit de définir de nouvelles priorités tenant compte du contexte créé par la montée en puissance des populismes et de la détérioration de la situation internationale.

L'Europe, une fois encore, je tiens à le rappeler, ne peut se réduire à un espace, à un marché.

Il faut mettre l'accent sur la nécessité d'une souveraineté européenne partagée entre les peuples de l'Union qui sont prêts à franchir le pas.

Dans un monde de plus en plus dangereux et incertain, il faut se battre pour l'affirmation de nos valeurs et le respect de la civilisation européenne.

Pour couper l'herbe sous les pieds des nationalistes et des europhobes, il faut combattre avec autant de force les populismes d'extrême droite et d'extrême gauche ainsi que les xénophobes qui font écho à ceux qui font preuve d'un angélisme coupable en niant tout sentiment d'insécurité et en commettant un déni de réalité comme le dit Alain Finkielkraut.

Les peuples d'Europe se détournent de l'idée européenne et notamment de l'Union car ils ont souvent le sentiment de ne pas être assez défendus par les institutions européennes.

Ils se sentent d'autant plus en insécurité que les dirigeants européens ne semblent pas avoir une vision claire de l'avenir de l'Union européenne et qu'ils ont également le sentiment qu'on leur demande toujours plus d'efforts et que des politiques d'austérité, ou qui à tout le moins s'y apparentent, succèdent à d'autres politiques d'austérité sans que leurs efforts soient vraiment récompensés.

Sachons en tirer les conséquences avant qu'il ne soit trop tard !

22

L'ÉTAT DE L'EUROPE À LA VEILLE D'ÉCHÉANCES DÉCISIVES

26 février 2019

Les élections européennes de 2019 approchent. Or, le spectacle qu'offre la scène politique européenne est affligeant. Pas une grande voix européenne ne se fait entendre pour montrer le chemin, tracer une voie, fixer des objectifs.

La voie est ainsi libre pour les détracteurs du projet européen. Si le constat peut paraître sévère, il n'est pas hélas inapproprié.

L'Europe affiche une division dramatique face à la montée en puissance des nationalistes qui rêvent de détricoter le projet européen. Aussi, est-il difficile d'aborder avec sérénité l'échéance des prochaines élections européennes qui se profilent à l'horizon.

Comment ne pas s'inquiéter, en effet, une fois de plus, devant le triste spectacle qui s'offre à nous, à savoir celui de constater que les formations politiques sont toujours incapables de désigner de grandes voix européennes susceptibles de fixer un cap et de réveiller des consciences assoupies ?

Seules, celles qui entendent faire le procès de l'Europe semblent vouloir hausser le ton et prêtes à croiser le fer.

Une fois de plus, le rendez-vous incarné par le scrutin du mois de mai prochain ne doit pas se caractériser par des batailles politiciennes sans envergure et sans perspective.

En revanche, il est indispensable de proposer aux peuples d'Europe un projet d'avenir, un plan, une vision de l'Europe qui puisse galvaniser les énergies et montrer en quoi un projet européen crédible est une absolue nécessité.

Pour arriver à un tel résultat, sans doute, faut-il prendre davantage en compte les aspirations de nos peuples et entendre leurs voix, si ce n'est leur voix.

Les angoisses sont grandes et les inquiétudes sont légion chez nombre de citoyens d'Europe face à des lendemains qui ne sont pas toujours réjouissants compte tenu de l'état du monde, de ses divisions et de ses crispations pour ne pas dire plus.

Or, à force de ne pas entendre les appels des peuples d'Europe à plus de sécurité, plus de considération, plus d'estime, ceux-ci sont trop souvent tentés de répondre aux sirènes des populistes et des démagogues qui surfant sur les peurs et craintes souvent légitimes de leurs concitoyens entonnent les vieux refrains des nationalistes de toujours.

Ce faisant, ces derniers attisent les haines, désignent l'autre, l'étranger, celui d'en face comme l'ennemi, le responsable de leurs échecs et sèment peu à peu les graines de la discorde et de la désunion.

Dans la perspective des élections européennes, le chef de l'État semble moins enclin à s'en tenir au seul duel entre progressistes et nationalistes et semble désormais davantage vouloir pourfendre une Europe devenue « trop ultra-libérale ».

La distinction antérieure entre nationalistes et progressistes était indiscutablement trop binaire et faisait fi des nuances diverses et variées qui composent l'échiquier politique européen et il est particulièrement sain de le reconnaître et de l'admettre.

Le débat doit être clair et loyal et permettre de dessiner l'esquisse d'un projet européen à la mesure des espérances des peuples d'Europe qui doivent avoir la force de caractère de contenir et peut-être de réduire les poussées identitaires et populistes qui font le jeu des forces hostiles à l'émergence d'une grande puissance sur la scène du monde : l'Europe.

23

L'EUROPE ET L'OTAN FACE À LA MONTÉE DES PÉRILS

2 décembre 2019

Alors que le monde s'arme et que l'on assiste à une montée des périls, l'Europe continue de tarder à prendre conscience de la nécessité pour elle de se doter des moyens de la puissance, à savoir une politique étrangère et une politique de défense lui permettant d'affirmer pleinement sa souveraineté.

Partout, à travers l'Europe, se développent des forces politiques qui agitent des peurs et prônent des replis identitaires. Partout, une vision claire et positive de l'avenir de notre continent peine à se dégager. Grande puissance économique et commerciale, l'Union européenne balbutie toujours sur le plan de la politique étrangère et de la défense. Nous le savions depuis longtemps mais nous pouvions légitimement espérer une prise de conscience quant à la nécessité de changer la donne et d'inverser le cours des choses. Or, il n'en est rien.

Le monde change, bouge dangereusement et l'Europe paraît comme tétanisée et impuissante à prendre l'exacte mesure de la gravité de la situation et de la montée des périls.

L'Otan, de son côté, connaît assurément une crise majeure. Est-il, en effet, concevable, acceptable, admissible que la deuxième armée de cette organisation en termes d'effectifs, l'armée turque, pour la nommer expressément, puise agir comme elle vient de le faire récemment en Syrie à l'encontre des Kurdes qui furent nos alliés dans la guerre contre Daech ?

Est-il acceptable que le même pays achète un système de défense anti missiles S400 à la Russie tout en demeurant membre de l'OTAN ?

Est-il possible que les dirigeants de ce pays fassent pression comme ils le font sur des peuples appartenant à la même alliance en les menaçant et en les couvrant d'invectives ?

Oui, assurément, l'OTAN, à supposer qu'elle ne soit pas tout à fait en état de mort cérébrale, la formule est peut être un peu excessive, semble atteinte dans sa substance alors même qu'elle fête cette année ses soixante-dix ans.

Il ne faut pas s'en réjouir. Elle a été incontestablement un facteur d'équilibre, au temps de la guerre froide, notamment, mais force aujourd'hui est de constater qu'il faut au minimum redéfinir son cadre, ses missions et revoir sa composition.

Quid, dans le même temps des opinions et jugements émis par les dirigeants des principaux États membres de l'OTAN à l'égard de cette organisation ? Le président Trump n'a-t-il pas parlé d'organisation obsolète en évoquant cette structure il y a déjà quelques mois, alors même que la chancelière Merkel dénonce pour sa part les mots drastiques et les propos intempestifs du président Macron ? La présidente de la Commission européenne ne vient-elle pas également de son côté de prendre ses distances avec les propos du Président de la République ?

Pourquoi, les Européens, demeurent-ils aussi réservés à l'égard du projet d'Europe de la défense souhaitée par le chef de l'État qui serait de nature à rendre plus crédible le concept même d'une Europe souveraine lui permettant d'être davantage maîtresse de son destin ?

Ceux qui croyaient, qui croient encore, qui croiront toujours en l'affirmation d'une Europe puissance ne peuvent aujourd'hui que faire ce terrible constat : l'absence de l'Europe sur la scène politique mondiale est quelque chose d'affligeant et montre les limites de l'action des femmes et des hommes responsables qui avaient à cœur de prendre la défense d'un grand projet.

On ne peut se satisfaire d'une telle situation. L'absence d'une Europe politique avec tout ce que cela implique affaiblit chacune des nations composant l'UE et outre le fait qu'elle annihile notre ambition de jouer un rôle moteur dans le règlement des conflits mondiaux, elle nous met gravement en situation de faiblesse par rapport à des puissances secondaires mais qui ne connaissent que le langage de la force et de l'invective.

L'EUROPE, UN REMPART CONTRE LES TOTALITARISMES ET LES AUTOCRATIES

24

DE L'ACTUALITÉ
DE QUELQUES FORMULES
24 avril 2024

Dans un contexte marqué par la montée des périls et par l'incapacité des peuples d'Europe à se doter des moyens de la puissance, certaines formules utilisées en son temps par François Mitterrand demeurent d'une étonnante actualité.

« La France est notre Patrie, l'Europe est notre avenir. »

J'ai toujours eu à cœur de reprendre à mon compte cette phrase prononcée à plusieurs reprises par François Mitterrand, alors président de la République, adhérant en effet totalement à ce qu'elle implique et à ce qu'elle sous-tend.

Comment pourrait-il en aller autrement dès lors que l'on a pris conscience de la nécessité de voir s'édifier sur la scène du monde une grande puissance capable de porter haut et loin un message humaniste et de paix : l'Europe.

À cet égard, je n'ai jamais cessé de rendre hommage à des hommes politiques, à des hommes d'État qui, à l'instar des pères fondateurs de l'Europe, Monnet, Schuman, de Gasperi, pour ne citer qu'eux, ont permis à l'idée même d'Europe de s'affirmer, de se développer et de consolider l'édifice dont les premières pierres furent jetées au lendemain de cette guerre monstrueuse qui avait meurtri au plus profond de sa chair et de son sang notre continent.

François Mitterrand avait également coutume de dire qu' « il faut donner du temps au temps » et là encore, il avait raison, car rien ne sert de brusquer les choses si l'on veut jeter les bases d'un édifice capable de résister aux aléas de l'histoire et à l'usure du temps.

Encore, convient-il d'ajouter à l'adresse des hommes politiques d'aujourd'hui que ce message suppose d'avoir une vision claire de l'avenir et un projet dépourvu de toute ambiguïté.

J'ai toujours regretté que nombre d'hommes et de femmes politiques appelés par la suite à développer le projet de construction européenne aient trop souvent privilégié l'élargissement à l'approfondissement et mis l'accent sur le primat de l'économie sur le politique.

Dans un monde qui n'a pas cessé d'être instable et dangereux au cours des décennies passées, nous n'avons pas su donner à l'Europe, les instruments de la puissance et la doter de la souveraineté sans laquelle elle ne peut faire face aux appétits sans limite de nouveaux Empires.

Ne pas avoir pris conscience de cela plus tôt est désespérant. Espérons qu'il ne soit pas désormais trop tard.

Enfin, au moment où l'on s'interroge sur les risques d'une troisième guerre mondiale, sans doute serait-il encore utile de méditer sur ces autres formules toujours émises par François Mitterrand, à savoir : « Le nationalisme, c'est la guerre » et « Les pacifistes sont à l'ouest et les missiles à l'est ».

À l'évidence, chaque jour qui passe atteste de la véracité de ces formules et de leur étonnante et triste actualité.

25

DU DROIT D'INGÉRENCE À LA CONSOLIDATION DU SOCLE DES DÉMOCRATIES

24 avril 2024

Le droit, voire le devoir d'ingérence pouvait apparaître il y a quelques décennies comme un outil permettant dans le cadre d'un mandat de l'ONU de secourir des peuples menacés par la famine, des catastrophes naturelles ou des exactions menées par des potentats locaux.

Force est de constater qu'il est de moins en moins possible d'y avoir recours dès lors que les régimes totalitaires et autoritaires dominent la scène mondiale et que les velléités guerrières sont à l'ordre du jour.

Se porter au secours de peuples qui aspirent à plus de liberté, c'est risquer d'entrer en guerre sur tous les continents, c'est accepter un état de guerre généralisée.

Autrefois, je portais un regard plus positif sur les notions de droit, voire de devoir d'ingérence.

Il me semblait en effet que les grandes puissances se devaient de porter secours aux peuples en détresse, aux peuples qui souffraient et que nous ne pouvions rester indifférents au malheur que les uns et les autres subissaient.

Aujourd'hui, les choses ont évolué et ne se présentent plus tout à fait de la même façon si nous prenons bien conscience de l'ampleur du phénomène et de la nouvelle architecture du monde.

Le champ des démocraties, en effet, tend à se réduire et le nombre de régimes autoritaires, voire totalitaires, tend à se développer de façon exponentielle.

Là, où il était envisageable, concevable, non sans difficulté d'ailleurs, d'intervenir pour aider, ne fut-ce que soulager ou atténuer même provisoirement le malheur d'entités ou de communautés soumises à des exactions ou à des comportements de quelques potentats locaux, nous devons nous rendre à l'évidence que nombre de femmes et d'hommes sont désormais victimes de régimes belliqueux qui savent user de l'arme terroriste à travers le monde.

Aussi, le droit et le devoir d'ingérence trouvent-ils à certains égards leurs limites compte tenu du nouvel ordre mondial et disons-le d'un rôle nettement amoindri de l'ONU dans le cadre des relations internationales.

Que dire et penser, par exemple, d'une organisation internationale dont notamment l'un de ses membres permanents au Conseil de sécurité, la Russie, se croit autorisé à envahir un pays aux frontières reconnues internationalement ?

Que dire et penser de ces grandes puissances qui transgressent régulièrement les fondamentaux du droit international et croisent le fer entre elles ?

Que dire et penser d'un monde où les insultes et menaces, y compris au plan nucléaire sont légion ?

Que dire et penser d'un monde où n'importe quel groupe terroriste est à même, avec des drones, notamment, d'imposer, à l'instar des pirates d'hier, leurs lois et leurs règles en dehors de tout cadre.

Avant que ne s'établisse demain, peut-être, après-demain plus sûrement, un nouvel ordre mondial reposant sur le droit et la justice, en d'autres termes, un monde plus civilisé fondé sur l'éthique et le respect des êtres humains, il paraît donc difficile, à quelques rares exceptions près, d'intervenir sous peine d'assister au déferlement de haines et de déchirements généralisés sur toute la surface de notre planète.

L'état du monde, et en particulier celui des relations internationales est tel, qu'il est aujourd'hui préférable pour les démocraties de conforter leurs fondements et de se préparer à affronter les attaques dont elles ne sont nullement à l'abri émanant de puissances qui n'ont de cesse d'étendre leurs emprises, que ce soit par la soumission politique, économique, intellectuelle ou idéologique, voire par la force.

L'urgence est donc aujourd'hui, prioritairement, de consolider le socle des démocraties, afin que ces dernières demeurent un phare, une espérance pour les femmes et hommes qui aspirent à se libérer des chaînes qui les enchaînent.

Quid d'un bain de sang généralisé, voire d'une guerre mondialisée à l'échelle de la planète, si nous voulons désormais intervenir pour hâter un mouvement de libération qui ne saurait demeurer cependant au stade de l'utopie ?

Mais là encore, la raison impose de donner du temps au temps.

CONCLUSION

Plus que jamais l'avenir du projet européen semble être à la croisée des chemins. L'avenir de notre continent est en effet à certains égards incertain.

Longtemps, le projet européen laissait entrevoir un avenir de paix et d'entente

Plusieurs facteurs concourent à cette incertitude alors même que des peuples, au lendemain de la seconde guerre mondiale, avaient fait le choix de s'unir et de tourner le dos aux querelles de jadis. On pouvait ainsi observer une réelle volonté d'aller ensemble vers un avenir meilleur.

L'effondrement du mur de Berlin et du système soviétique a ensuite permis à certains d'imaginer qu'il y avait désormais lieu de profiter des dividendes de la paix. D'autres, souvent les mêmes, ont pu évoquer la fin de l'Histoire non sans faire preuve de beaucoup de naïveté. D'autres, en revanche, ont par la suite dénoncé ceux qui se comportaient en « bisounours ».

Le monde s'armait. Les nations d'Europe se désarmaient. Les budgets militaires et les crédits accordés aux armées ne cessaient de diminuer.

Les effectifs de nos armées étaient réduits à la portion congrue. Des menaces nouvelles se développaient à nos frontières et nous étions incapables de percevoir la montée des périls.

Aujourd'hui, la guerre est au cœur du continent européen et aux frontières de l'Union et les peuples faisant partie de cette dernière sont désormais de nouveau confrontés aux affres de la guerre.

Et, à cet égard, la guerre en Ukraine a montré combien nos armées étaient démunies face à un conflit de forte intensité et en l'absence d'une mutualisation de nos efforts en matière de défense et d'armement.

L'Europe s'est faite à ses débuts dans un domaine jugé névralgique, voire stratégique, à savoir celui de l'énergie et ce fut la création de la CECA et d'EURATOM.

Or, aujourd'hui, nous observons des politiques énergétiques souvent très divergentes et l'Union dans ce domaine est loin d'être satisfaisante.

Quid, en effet, de la place de l'énergie atomique, du tout électrique, des énergies renouvelables, du charbon, du gaz de schiste, etc. ?

Quid de notre extrême dépendance pendant des décennies au gaz russe et de notre incapacité à mieux protéger les intérêts de l'Union, intérêts trop souvent soumis aux lois du marché et à un ultra libéralisme dévastateur ?

Aujourd'hui, n'y a-t-il pas de nouveaux risques de dépendance à l'égard de la Chine ? N'allons-nous pas rééditer les erreurs commises hier à l'égard de la Russie ?

D'une façon générale, que penser de notre soumission par rapport à l'extérieur, des délocalisations de nos industries et de notre extrême propension à privilégier une société de consommateurs ?

Dans le même sens, que penser de notre soumission aux intérêts économiques de multilatérales et des nouveaux empires ainsi que des divisions excessives entre pays appartenant à une même communauté, l'Union européenne ?

Au-delà des apparences, les intérêts bien compris de chacun ont trop souvent dicté des choix et des comportements qui globalement portaient préjudice à l'Union européenne dans un monde au sein duquel ne cessaient de se développer des tensions et des velléités de domination.

Ainsi, à cet égard, la crise du Covid, il y a quelques années, a montré notre extrême vulnérabilité vis-à-vis de l'étranger et de notre dépendance à l'égard de certains fournisseurs asiatiques, la Chine en particulier, en matière de médicaments.

On observe une absence de véritable débat sur la nature de l'Europe que l'on souhaite construire. Quid du projet, en effet ? Quid du contenu du projet européen défendu par les uns et les autres ?

On peut observer que même parmi ceux qui se disent favorables à l'Europe, rares sont ceux qui ont une claire perception du projet qui est le leur.

Or, il faut absolument éviter que l'Europe [le projet européen] se limite à une vaste zone de libre-échange aux contours incertains et aux choix indéfinis. Il faut une volonté politique.

L'Europe ne peut se diluer dans une zone aux frontières non identifiées. Il faut défendre une Europe des citoyens et non une Europe des seuls marchands et consommateurs.

Or, les élargissements successifs ont été réalisés sans discernement. De tels élargissements inconsidérés ont eu pour effet de changer la nature du projet européen.

Dès 1992, je me suis inquiété des perspectives d'élargissement prématuré de l'Europe. Je l'ai dit, je l'ai écrit[6].

« Vouloir anticiper, là encore, les échéances, ne conduirait qu'à provoquer l'écroulement d'un édifice dont on doit d'abord consolider les bases si l'on souhaite qu'il puisse résister aux aléas de l'Histoire. »[7]

L'élargissement ne saurait avoir pour effet de faire naître une sorte d'Eurafricasie ou de donner le jour à une sorte d'ONU bis[8].

« Il n'y aura pas d'Europe puissance si la Turquie devait entrer dans l'Union européenne. Il en est de même, toujours pour d'évidentes raisons géostratégiques et géopolitiques, si l'on décidait de faire entrer un jour l'Ukraine, la Biélorussie, et dans une moindre mesure les pays des Balkans ainsi que la Roumanie et la Bulgarie si l'on ne res-

____

6. *Pour une Europe puissance dans un monde plus ordonné*, p. 65.
7. Ibid. p. 65.
8. Ibid. pp. 85-86.

pectait pour ces derniers pays de longues phases de transition permettant les adaptations indispensables et un calendrier stricte établi sur le long terme. (...) car en déplaçant le centre de gravité de l'Union européenne et en la dotant de frontières communes avec des pays tels que l'Iran, la Syrie, la Géorgie et l'Arménie, on ne fera qu'additionner des sources potentielles de conflits et nous devrons intégrer ces données nouvelles à notre diplomatie commune. Accepter des frontières communes avec des pays en guerre ou en proie à des crises prévisibles serait faire preuve d'un aveuglement coupable. »

« Pourquoi faudrait-il prendre le risque – car c'en est un – de diluer l'union en intégrant des puissances dont l'histoire, la culture, la géographie, les centres d'intérêt sont par trop disparates sinon, le cas échéant, pour faire plaisir à ceux qui redoutent de voir s'affirmer au plan international une nouvelle puissance politique ? »[9]

L'Union n'a pas vocation à « intégrer tous les États démocratiques et a fortiori à favoriser l'adhésion de ceux qui ne le sont pas encore vraiment au seul motif que leur intégration aurait un effet bénéfique sur l'état des droits de l'homme à l'intérieur de ces États ! »[10]

Il y a lieu de tenir compte de la capacité d'absorption ou non de nouveaux pays par l'Union européenne.

Aujourd'hui encore, loin de tirer les leçons du passé et les enseignements des élargissements précédents, certains

---

9. Ibid. p. 145.
10. Ibid. p. 145.

n'ont de cesse de vouloir élargir, élargir encore et toujours à l'est. Cela n'a pas de sens. En agissant ainsi, c'est le destin de l'Europe que l'on compromet.

S'agissant des velléités d'adhésion de l'Ukraine, de la Moldavie, de la Géorgie et de certains autres États des Balkans, sans doute fau-il réfléchir à d'autres solutions dans le cadre du Conseil de l'Europe ou de la Communauté politique envisagée, solutions plus souples et plus adaptées à des États souhaitant s'amarrer à l'Europe.

Les idéologies et avec elles les idéologues occupent une trop grande place dans le choix des politiques qui sont menées, tant au plan national qu'au plan européen.

De fait, bien des blocages existent et les évolutions souhaitables, voire indispensables, n'ont pu être réalisées afin de permettre aux institutions européennes d'être pleinement efficaces et d'évoluer dans un sens positif.

Le président de la République rappelait à juste titre lors de son second discours consacré à la Sorbonne en avril 2024 que le philosophe Paul Valéry avait déclaré en 1919 que les civilisations étaient mortelles.

S'appuyant sur cette déclaration, le président Macron insistait sur le fait que l'Europe peut mourir. C'est un fait. Ce n'est pas une certitude mais une hypothèse sérieuse si les Européens de cœur et de raison ne parviennent pas à insuffler un espoir nouveau et n'ont pas une volonté claire et déterminée d'aller de l'avant.

Face à la montée en puissance des nationalistes exacerbés, des xénophobes de toutes sortes, des racistes et antisémites de tous bords, des autocraties et des tota- litarismes qui ont le vent en poupe, sachons faire de l'Europe un rempart qui saura résister aux aléas du temps et aux vents mauvais qui sont annoncés.

Affirmons notre identité, défendons nos valeurs, celles de la démocratie, et ne succombons pas à notre tour aux démons qui mèneraient le monde au bord du précipice si nous devions les écouter.

Ce n'est pas faire preuve de xénophobie, ce n'est pas rejeter l'autre que de vouloir d'abord affirmer une identité européenne capable de défendre des valeurs et des principes spécifiques liés à notre culture, à notre passé et à notre histoire.

C'est la civilisation européenne, somme des histoires et cultures des différentes nations d'Europe que nous devons défendre à travers le projet d'Europe puissance.

Pourquoi, la démocratie européenne ne devrait-elle pas être défendue et l'identité de nos nations serait-elle la seule à ne pas avoir le droit de s'affirmer ?

Pour conclure, je voudrais reprendre certaines formules que j'avais développées il y a déjà plusieurs décennies et rappelées dans *Pour une Europe puissance dans un monde mieux ordonné* afin de montrer leur permanence et leur pérennité au-delà du temps qui passe.

« Des guerres font rage entre des peuples incapables de maîtriser leurs ressentiments et leur haine à l'égard de l'autre (…) Il n'est pas acceptable d'accepter l'inacceptable (…) Quid de ces lendemains toujours moins prometteurs ? (…) Il faut rompre cette chaîne de l'absurde (…) C'est parce que rien n'a vraiment changé en dépit des apparences depuis l'aube des temps qu'il nous apparaît d'autant plus indispensable de prolonger l'action de toutes celles et de tous ceux qui, à travers les méandres de l'Histoire, ont tenté de faire évoluer nos sociétés vers une éthique supérieure. »

« Quid de la folie meurtrière et des haines ancestrales entretenues à travers les siècles, voire les millénaires, par des êtres dits humains ? (…) Comment sortir des affres de la guerre ? (…) »

« Les taches de sang ne cessent de souiller le sol de notre astre. (…) Que penser de l'œuvre funeste des tyrans ? »

« À l'aube du troisième millénaire de vastes horizons s'ouvrent à la politique. Il lui faut proposer aux nouvelles générations un idéal et des valeurs, car sans grand dessein il n'y a qu'une morne perspective et le monde s'étiole avant de connaître le désespoir. »

« Il s'agit pour la politique, au plan international, de concilier ce qui paraît être inconciliable. Le monde évolue vite et lentement à la fois. (…) Les nations sont souvent prisonnières de leur passé et de leur histoire. »

« Parfois, nous avons le sentiment que rien, ni personne, ne pourra empêcher l'inacceptable de se reproduire et que rien ou personne ne parviendra à changer la nature de l'homme. »

« Les guerres, les génocides, les massacres en tout genre n'ont-ils pas été le lot commun de l'Humanité depuis l'aube des temps ? »

Déjà, en juin 1999, dans un article intitulé <u>Les leçons du Kosovo</u>, j'écrivais : « Une fois encore, la barbarie est au cœur de notre continent. Une fois de plus, n'en déplaise à certains, le nationalisme exacerbé a été fauteur de guerre et a engendré la haine et avec elles souffrances deuils et martyres. »

« Faisons de l'Europe une communauté de destin. »

« Si d'aventure l'Europe ne se faisait pas, nos nations se perdraient et bientôt disparaîtraient. Elles n'auraient ni influence, ni prise sur les événements. »

« Sachons, peuples d'Europe, faire de nos différences la richesse de l'Europe. »

« Battons-nous pour promouvoir les valeurs de paix, de liberté et de fraternité d'une civilisation européenne dont les valeurs humanistes serviraient de référence aux autres peuples du monde. »

« L'Europe appelle un choix clair qui transcende toutes les forces politiques. »

« Oui, l'Europe appelle un élan, un souffle, une volonté. Faisons du projet européen un grand dessein pour les générations qui montent. »

« Il y a des rendez-vous avec l'Histoire que l'on ne doit pas manquer ».

Certaines des formules reproduites ci-dessus datent d'il y plus de trente ans. Elles demeurent hélas d'une étrange actualité dans un contexte qui s'est particulièrement dégradé. Confronté à un monde traversé par de multiples convulsions, il est plus que jamais nécessaire de faire de l'Europe un rempart contre les totalitarismes et les autoritarismes.

Du même auteur

La pensée politique de François Mitterrand, thèse de doctorat d'État en science politique, Université de Paris II, 1978.

Le Parti socialiste d'Épinay à Valence, 1971-1972, étude interne au Parti socialiste effectuée à la demande de François Mitterrand, alors Premier secrétaire du PS, 1982.

Pour une Europe puissance dans un monde plus ordonné, Paris, Lanore, coll. « Essais politiques », 2005.

Lettre posthume à François Mitterrand, Paris, Lanore, coll. « Essais politiques », 2005.

Esquisse d'une démocratie nouvelle, Pour une éthique en politique, Paris Lanore, coll. « Essais politiques », 2007.

François Mitterrand, Paris, Ellipses, coll. « Les dates clés », 2012.

Pour une Europe souveraine, Écrits et plaidoyers, Paris, Lanore, coll. « Essais politiques », 2014.

Refondons nos institutions, d'une monarchie républicaine à une démocratie républicaine, Paris, Lanore, coll. « Essais politiques », 2016.

Le droit électoral, Paris, Studyrama, coll. « Panorama du Droit », 2017.

De l'alternance au partage du pouvoir. Faut-il en finir avec nos modes de scrutin ? Paris, Bréal, 2017.

Pourquoi est-il urgent de modifier la Constitution ?, Éditions BOD, « Éthique, Civisme et Politique », 2022.

Coauteur avec Alexandre Desrameaux

Introduction à la science politique, Paris, Studyrama, coll. « Panorama du droit », 2015.

TABLE DES MATIÈRES